INOVE
PARA SER
UNICO

CARO(A) LEITOR(A),

Queremos saber sua opinião sobre nossos livros.

Após a leitura, siga-nos no **linkedin.com/company/editora-gente**,

no Twitter **@editoragente** e no Instagram **@editoragente**

e visite-nos no site **www.editoragente.com.br**.

Cadastre-se e contribua com sugestões, críticas ou elogios.

JOHNATHAN ALVES

PREFÁCIO DE ROMULO ALVES

INOVE PARA SER UNICO

Como a inovação está
mudando o jogo dos negócios

Diretora
Rosely Boschini

Gerente Editorial Sênior
Rosângela Araujo Pinheiro Barbosa

Editora Pleno
Juliana Rodrigues de Queiroz

Assistente Editorial
Mariá Moritz Tomazoni

Produção Gráfica
Fábio Esteves

Capa
Lucas Nasto

Adaptação de capa
Casa de Ideias

Projeto Gráfico e Diagramação
Plinio Ricca

Revisão
Vero Verbo Serv. Editoriais

Impressão
Rettec

Copyright © 2023 by Johnathan Alves
Todos os direitos desta edição
são reservados à Editora Gente.
Rua Natingui, 379 – Vila Madalena
São Paulo, SP – CEP 05443-000
Telefone: (11) 3670-2500
Site: www.editoragente.com.br
E-mail: gente@editoragente.com.br

Dados Internacionais de Catalogação na Publicação (CIP)
Angélica Ilacqua CRB-8/7057

Alves, Johnathan
 Inove para ser único / Johnathan Alves. - São Paulo : Editora Gente, 2023.
 120 p.

ISBN 978-65-5544-393-6

1. Negócios 2. Redes sociais I. Título

23-4707 CDD 658.9

Índices para catálogo sistemático:
1. Negócios

Este livro foi impresso pela gráfica Rettec em papel pólen bold 70 g/m² em novembro de 2023.

NOTA DA PUBLISHER

Muitos empresários enfrentam desafios para superar o obstáculo da estagnação em seus negócios. Alguns acreditam erroneamente que estão limitados em seu potencial e, consequentemente, se conformam com resultados modestos ou se satisfazem com pequenas conquistas. No entanto, isso não se aplica a Johnathan Alves, CEO do Grupo Ybera Paris, uma renomada marca de cosméticos com 18 anos de atuação no mercado.

Johnathan adora criar soluções inovadoras para enfrentar os desafios do mercado, o que resultou em negócios de sucesso, que alcançaram cifras milionárias. Atualmente, sua marca está presente em mais de 53 países e segue em um notável processo de expansão.

Neste livro, ele demonstra que, para criar empresas milionárias, o empresário deve mudar seu mindset, adotando uma abordagem empresarial fora do convencional. Isso implica em mudar a mentalidade de estagnação para a mentalidade de prosperidade nos negócios. Essa transformação pode ser realizada por meio da implementação de estratégias apropriadas, que conduzam ao crescimento necessário para atingir o almejado status de negócio milionário.

INOVE PARA SER ÚNICO

Seja bem-vindo ao universo da beleza, da inovação e dos negócios prósperos. Com este livro, você será capaz de escalar sua empresa de maneira vertiginosa, levando-a a um novo patamar: a de empresa multimilionária!

ROSELY BOSCHINI
CEO E PUBLISHER DA EDITORA GENTE

AGRADECIMENTOS

Querida família e amigos,

É com grande emoção e gratidão que inicio as páginas deste livro. Antes de mergulhar na narrativa, é fundamental expressar minha profunda apreciação por aqueles que foram fundamentais em minha jornada.

A minha esposa Sauana Alves, minha eterna parceira e o grande amor que enriqueceu não só minha vida pessoal mas também meu percurso como empresário. Sua presença é o alicerce da minha história.

Meu irmão Romulo Alves, desde os 14 anos, tem sido meu companheiro fiel, contribuindo significativamente para que eu alcançasse patamares que pareciam inatingíveis.

Djillali Chorfa, meu sócio, irmão e amigo, que representa uma base sólida e confiável em nossa empresa, que só cresceu graças à nossa parceria.

Não posso deixar de agradecer aos meus pais, Morvan e Edna Alves, por moldarem meu caráter e me ensinarem a importância da honestidade, valor que é a essência da minha jornada.

Por último, mas não menos importante, agradeço à minha sogra Gilda Lanes, minha inspiração e mentora nos primeiros passos como empreendedor.

Este livro é uma homenagem a cada um de vocês, cujo apoio e cuja crença em mim moldaram a história que compartilho aqui.

Com profunda gratidão,

JOHNATHAN ALVES

SUMÁRIO

PREFÁCIO — 12

INTRODUÇÃO — 16

CAPÍTULO 1

EM BUSCA DE CAMINHOS — 22

CAPÍTULO 2

EMPREENDER NÃO
VEM COM MANUAL — 34

CAPÍTULO 3

O DESTINO É FIXO,
MAS O ITINERÁRIO É FLEXÍVEL — 44

CAPÍTULO 4

AS FERRAMENTAS PARA
NUNCA DESISTIR — 52

CAPÍTULO 5

CRIATIVIDADE É ENXERGAR
O QUE NINGUÉM MAIS ENXERGA · 66

CAPÍTULO 6

A INOVAÇÃO COMO FORMA
DE SER ÚNICO · 78

CAPÍTULO 7

DO ESPÍRITO SANTO PARA O MUNDO · 88

CAPÍTULO 8

DOS DISTRIBUIDORES FÍSICOS
PARA O AMBIENTE DIGITAL · 98

CAPÍTULO 9

CONSTRUIR PARA USUFRUIR · 110

CONCLUSÃO

ÁGUA QUE BRILHA · 116

PREFÁCIO

O empreendedorismo é uma mistura de coragem e ousadia. É entender que o feito pode ser melhor do que o perfeito. É ser resiliente mesmo quando tudo parece se opor aos seus propósitos. É conviver com frustrações e superá-las. É estar contente no caminho, afinal, essa é uma história que não queremos que tenha um fim!

Ao ler este livro você encontrará uma lição de vida, de superação e até um pouco de loucura, mas quem de nós não tem uma pitada de louco?

A história vai além de um "case" de sucesso e superação. Conta mais do que uma pessoa que saiu do zero e alcançou grandes objetivos... Este livro pode inspirar os que estão em busca de algo maior, motivar aqueles que estão se desvinculando das desculpas e agarrando as oportunidades, e reviver aqueles que estão sem motivação para tentar mais uma vez.

O Johnathan, autor deste livro, é um verdadeiro exemplo de empreendedor que não tem medo de tentar, tentar, tentar até acertar. É uma pessoa intensa e que sempre está em constante transformação, capaz de motivar as pessoas à sua volta apenas contando suas ideias ou revelando novidades que estão por vir. É um ser humano de coração gigante, que transborda generosidade! É aquele tipo de pessoa que literalmente "faz o bem, sem importar a quem".

Você verá neste livro que nem todas as circunstâncias são ideais para iniciar, perfeitas para continuar ou tranquilas para desenvolver um negócio novo. Entenderá que crescer é a soma de diversas escolhas e opções que você pode ou não agarrar. Verá que não existe fórmula nem método validado para as situações da vida.

Às vezes é simplesmente necessário dar o próximo passo, mesmo sem ter a certeza se haverá chão do outro lado.

Este livro também mostrará a importância de construir seu ecossistema de pessoas confiáveis, que servirão de apoio nos momentos difíceis, sempre acreditando que tempos bons virão! Essas pessoas podem vir da família para os negócios ou dos negócios para a família.

Eu tenho o privilégio de conviver com o Johnathan e posso dizer com confiança que ele é um gênio, que muitas vezes consegue enxergar coisas que ninguém está vendo ainda. Ele é ousado o suficiente para tomar decisões difíceis e, ao mesmo tempo, humilde para voltar atrás sempre que necessário.

Estar ao lado de uma pessoa assim pode ser um desafio, porque o que pode parecer inconstância, na verdade é uma grande capacidade de adaptação.

Neste livro, você conhecerá um pouco da história de uma empresa que começou do nada e se tornou uma das principais referências no mercado da beleza mundial. Criando, inovando e desafiando as normas e os padrões que o mercado conhecia, sempre acreditando que inovar não é simplesmente sair na frente, mas, sim, tornar-se único!

Ao ler este livro, pode ser que as pessoas à sua volta ganhem as formas dos personagens deste livro, ou que você identifique características que se assemelham com os que já fizeram parte da sua história. Isso faz parte do processo, mas se você me permite uma "dica", recomendaria que você olhe a história como um todo, apreciando os momentos, os desafios e refletindo em cada tomada de decisão. Para mim, essa é a melhor maneira de acendermos a lâmpada do empreendedorismo que existe em você.

E, antes de me despedir e abrir o caminho para você apreciar as próximas páginas, deixa eu me apresentar: Chamo-me Romulo Alves, atuo no mercado da beleza há praticamente 18 anos. Já ministrei eventos e feiras por todo o Brasil e em diversos países.

PREFÁCIO

Sou o Diretor Comercial do Grupo Ybera Paris e tenho a honra de ter vivido as histórias que você vai ler de agora em diante.

E sem querer ser tendencioso, garanto que este não é mais um livro sobre empreender ou que conta a história de pessoas distantes e intocáveis. Este livro é real e faz parte da minha e agora da sua história como pessoa, família, amigo e irmão.

Tenha uma boa leitura!

INTRODUÇÃO

A oportunidade de ter sucesso muitas vezes passa diante de seus olhos, está na sua cara, mas você não a enxerga. Quando isso acontece, você também não toma a atitude que precisa ser tomada e deixa de mudar sua vida e a das pessoas à sua volta.

Sempre agarrei as oportunidades que surgiram em meu caminho da melhor forma que consegui. Primeiro, agarrei a oportunidade de estar com a mulher da minha vida. Depois, demos asas às ideias que fomos tendo em conjunto. Então, quando nos propuseram vender nossos produtos ao exterior, também fomos do jeito que dava e que entendíamos ser o mais acertado.

Hoje, sou o CEO de um grupo de empresas que tem como maiores destaques a cosmética e a tecnologia. Nosso diferencial é ter a inovação como norte, mas é algo que nos custa manter. Quanto mais a empresa cresce, mais objeção recebo para lançar coisas novas. As pessoas têm dificuldade em aceitar as novidades, querem que você faça sempre o mesmo.

É um esforço diário lutar para demonstrar que o que hoje é um sucesso, um dia foi um embrião. Se eu não tivesse tido a coragem de desenvolver novas sementes sempre, hoje teríamos só uma empresa de sucesso. Se temos várias empresas crescendo, é porque lançamos várias sementinhas ao longo de nossa trajetória profissional.

Há uma frase que me acompanha há muito tempo e à qual sempre recorro em momentos de dificuldade: "Retroceder jamais, se for necessário sempre". Essa tem sido minha filosofia de vida. É um lema que me inspira a seguir em frente, mesmo nos momentos mais difíceis. Quando me sinto desanimado ou estou enfrentando um obstáculo aparentemente intransponível, é essa frase que me dá forças para continuar.

Foi essa frase também que me ajudou desde o início de minha vida, inclusive na conquista do amor. Nunca fui uma pessoa apaixonada. Quando jovem, tinha objetivos variados, mas jamais foquei na busca de um verdadeiro amor. Meus alvos eram diferentes.

Aos 18 anos, trabalhava como professor de informática e o salário que eu recebia era suficiente para me manter. Dedicava algumas horas para pregar a Palavra de Deus em um serviço voluntário. Essa modalidade especial de voluntariado também envolvia reuniões especiais. Em uma delas, fui convidado a falar sobre minha dedicação à pregação.

Nela estava Sauana, a mulher por quem me apaixonei à primeira vista. Eu não acreditava em amor à primeira vista, mas não consegui negar, pois foi exatamente o que senti quando olhei para ela. Havia uma sensação de que ela seria a pessoa que estaria presente em minha vida para sempre.

Sauana era supersimpática e tivemos uma conversa emocionante. Falamos sobre o serviço voluntário e nossos objetivos. No dia seguinte haveria outra reunião e eu estava empolgado para conhecê-la melhor. No entanto, ao chegar lá, um grande amigo nosso me informou que ela estava comprometida, prestes a se casar. Senti uma tristeza que jamais havia experimentado.

Apesar de meu desapontamento, pensei no meu lema de vida, "retroceder jamais, se for necessário sempre", e decidi retroceder naquele momento. Embora eu não quisesse abrir mão da oportunidade de conhecer o amor verdadeiro ao lado dela, também não queria ser motivo para atrapalhar seu futuro casamento.

Fiquei seis meses sem vê-la. Quando nos encontramos novamente, em um serviço de pregação, ela me contou que havia terminado o noivado. Ela também havia gostado de mim desde o dia em que nos conhecemos. A atitude, a força e a coragem que ela demonstrou reforçaram meu sentimento por ela. Percebi que era uma pessoa realmente especial. No entanto, ela me disse que, se eu quisesse me envolver com ela, precisaríamos namorar, noivar e casar em seguida.

Éramos dois jovens e eu poderia ter recuado, mas senti uma mistura de emoção e determinação. Encarei sua proposta como a oportunidade que a vida tinha me dado para aceitar o amor. Para

INTRODUÇÃO

mim, missão dada é missão cumprida. Assim, em apenas onze meses após nosso primeiro encontro, estávamos nos preparando para o casamento. O que começou como uma simples conversa em uma reunião especial se transformou em amor para toda a vida.

Nosso casamento foi um dia inesquecível, repleto de alegria e gratidão. Enquanto trocávamos votos diante de amigos e familiares, sabíamos que estávamos iniciando uma jornada juntos, enfrentando todos os desafios que a vida pudesse trazer.

Olhando para trás, percebo que aquele primeiro encontro com Sauana foi um verdadeiro ponto de virada em minha vida. Encontrei o amor e descobri o poder da perseverança. Se não tivesse sido persistente sem deixar de retroceder em algum momento, se não tivesse dado chance ao tempo, poderia ter perdido a oportunidade de ter essa mulher incrível ao meu lado.

Após a cerimônia de nosso casamento no interior de Minas Gerais, decidimos embarcar em uma lua de mel cheia de descobertas não apenas no amor mas também nos negócios. Nossa viagem foi para a bela cidade de Porto Seguro, na Bahia. Até então tudo parecia ser uma experiência comum.

Em um dia ensolarado, porém, enquanto aproveitávamos a praia, vimos algumas crianças com desenhos de henna na pele. A henna é uma tintura temporária, que fica aparente por 15 dias, aproximadamente.

Sauana, que era cabeleireira de profissão, mencionou que uma tia dela, também cabeleireira, havia feito um procedimento parecido na sobrancelha, criando um efeito semelhante ao de uma tatuagem temporária. Essa conversa despertou uma ideia em nós: por que não desenvolver um produto similar para vendermos nos salões de beleza?

Minha sogra, Gilda, passou a vida trabalhando como vendedora de cosméticos. Ela comprava diretamente das indústrias e vendia para os salões de beleza. Conversamos com ela sobre a possibilidade de desenvolvermos esse produto juntos e ela apoiou entusiasticamente nossa ideia.

Tínhamos pouco dinheiro e uma capacidade limitada para produzir os produtos, mas, mesmo assim, seguimos em frente e a perseverança foi nossa maior aliada. Esse foi só o começo de um caminho que percorremos até hoje. Ao longo do livro, compartilho vários momentos de nossa trajetória.

Durante nossa jornada, houve ocasiões em que foi necessário retroceder e realinhar a rota. Enfrentamos problemas administrativos e financeiros decorrentes do rápido crescimento, mas nunca retrocedemos em nossos princípios e valores. Ao invés disso, ajustamos nossas estratégias e buscamos soluções inovadoras para superar as adversidades, mantendo-nos focados em nossos objetivos a longo prazo, em prol de um objetivo maior.

Nosso negócio foi tomando forma e se expandindo. Hoje, o Grupo Ybera Paris é uma indústria de cosméticos com mais de uma década de atuação e especialista em vendas on-line. Nossa marca está presente em 53 países, e todos os nossos produtos têm uma história.

Como a inovação está no DNA da empresa, cada um dos itens que produzimos precisa ser inovador para carregar nossa assinatura. É algo de que não abrimos mão e muito nos orgulha.

Nosso canal de vendas diretas beneficia os profissionais da beleza, com diversos artigos exclusivos para o setor. São produtos de alta performance presentes nos melhores salões de beleza do mundo, vendidos para profissionais cabeleireiros e para o consumidor final. Nossas fórmulas são exclusivas e entregam o melhor resultado em tratamento e manutenção diária para os mais diversos tipos de cabelo, além de uma linha para o cuidado com a pele. Para nós, cuidar da pele e do cabelo é cuidar da autoestima.

Como empresa, adotamos uma abordagem única ao comercializar nossos produtos para o público final, pois estabelecemos um canal exclusivo de vendas por meio de influenciadores

INTRODUÇÃO

digitais. Isso nos permite compartilhar a rica experiência de produtos profissionais diretamente com nossos clientes.

Ao trabalhar com influenciadores, proporcionamos aos nossos consumidores o acesso a dicas valiosas e notícias sobre as tendências atuais. Essa estratégia cria uma conexão mais direta entre os consumidores e o mundo dos cuidados capilares, ao mesmo tempo que promove e vende eficazmente nossos produtos.

Este livro é uma coleção de histórias, lições e estratégias que aprendi ao longo dos anos, seguindo essa filosofia. Ao compartilhar minha jornada de altos e baixos, espero inspirar você, leitor, a seguir os próprios sonhos e a superar os obstáculos que certamente aparecerão. Espero também ajudar você a encontrar as melhores oportunidades para se lançar no mundo dos negócios e crescer.

Em cada capítulo, apresento histórias pessoais e profissionais de sucesso e fracasso, de superação e perseverança. Compartilho dicas e estratégias práticas para enfrentar e superar desafios e mostro como a perseverança e a resiliência podem levar a grandes realizações. Revelo também como é importante construir tudo isso sem deixar de lado aspectos fundamentais da vida, como a família e a espiritualidade.

Este livro não é apenas sobre mim ou sobre a minha trajetória. É sobre todos nós – sobre as dificuldades que enfrentamos em nossas próprias vidas e como podemos superá-las. É um chamado para a ação, um lembrete de que nunca devemos desistir de nossos sonhos, mesmo quando enfrentamos dificuldades aparentemente insuperáveis.

Espero que este livro inspire e motive você, caro leitor, a estar atento para todas as oportunidades que podem estar em seu caminho, e que o leve à ação de transformar a sua vida em uma trajetória com propósito. Vem comigo, a aventura está apenas começando!

CAPÍTULO 1

EM BUSCA DE CAMINHOS

Quando resolvi iniciar minha jornada como empresário, não fazia ideia de por onde começar. Vindo de uma família humilde e sem formação universitária, o mundo da administração era completamente desconhecido para mim. Tínhamos tido aquela primeira ideia de investir em produtos para sobrancelhas, depois de ver as crianças fazendo tatuagens temporárias de henna na praia, na Bahia. Comercializar a henna para sobrancelhas foi o *start* da minha carreira de empreendedor.

Uma ideia nunca fica muito tempo na minha cabeça, pois sempre fui executor de ideias, desde pequeno. A família da Sauana já trabalhava na área da beleza. Sua mãe, Gilda, era distribuidora exclusiva de cosméticos no Rio de Janeiro. Comprava em São Paulo e vendia os produtos em todo o estado do Rio, onde eu morava. Logo no primeiro dia em que conheci Sauana, ela me explicou em qual mercado atuava e me convidou para trabalhar com ela. Comecei na área de cosméticos como vendedor de artigos para salões de beleza. O que um vendedor comercializava em um mês, eu vendia em uma semana. Isso foi realmente no início, quando eu tinha 18 anos.

Conhecia a cidade onde morava e entendi o negócio muito rápido. Depois de um tempo, Gilda viu em mim a oportunidade de fazer uma venda grande, dada a minha habilidade em vender. Eu havia sido vendedor dela bem no começo, trabalhando com uma margem de lucro pequena, e me tornado um microdistribuidor, já com uma margem mais significativa. Ela então me ofereceu um lote de produtos por um valor elevado, apostando em meu talento de vendedor.

A quantia para comprar os itens era algo que eu nunca havia cogitado ter em mãos: 30 mil reais. Aquele foi o momento em que deparei com um de meus obstáculos iniciais: a falta de dinheiro para adquirir o lote e honrar a aposta de minha sogra.

Essa era uma oportunidade para eu dar um salto na minha carreira e me testar, o primeiro salto de muitos que ainda viriam.

É comum eu receber relatos de pequenos empreendedores que passam por essa mesma situação. De acordo com o Serviço Brasileiro de Apoio às Micro e Pequenas Empresas, o Sebrae, a falta de capital para iniciar um negócio é o problema número 1 das pessoas que desejam empreender.[1]

Como naquela época eu era muito novo e bastante inexperiente nos negócios, a solução que me pareceu mais sensata foi pedir ajuda à minha família, que não tinha muito, mas talvez pudesse me ajudar com algo. Meu pai sempre foi muito trabalhador, mas sua atuação era sempre como empregado, ele nunca tinha pensado em empreender. Quando falei para ele que precisava de ajuda para embarcar naquela empreitada, percebi sua reticência. Depois de muita conversa, ele aceitou me ajudar emprestando três folhas de cheques pré-datados, que eu deveria honrar com o pagamento nos próximos três meses, mas antes me fez mil recomendações, pois nunca tinha deixado de honrar seus compromissos financeiros.

Com os cheques emprestados pelo meu pai para comprar o lote e investir, eu estava com medo, mas fui com medo mesmo. De qualquer forma, aquela não era uma ação completamente impensada e impulsiva: eu acreditei no meu potencial de venda daqueles produtos. Eu já conhecia o mercado em que atuava e como ele funcionava, só me restava dar o primeiro passo. Então, aceitei o desafio de Gilda e comprei os itens oferecidos.

---

1 Dados obtidos em entrevista dada pelo presidente do Sebrae, Carlos Melles, ao site *Poder360*. Disponível em: https://www.poder360.com.br/economia/brasil-e-o-7o-pais-com-mais-empreendedores-diz-pesquisa/. Acesso em: 7 ago. 2023.

Diante de toda a pressão para liquidar os cheques e quitar a dívida com meu pai, o que era para eu vender no período de três meses, vendi em menos de um mês. Sauana, também acreditando em meu potencial, começou a visitar os salões comigo. Ela ficava com a parte técnica, porque às vezes era preciso aplicar os produtos para que os cabeleireiros vissem como eles funcionavam, e eu ficava com as vendas e o financeiro.

Embora eu tivesse tino comercial e soubesse vender, não é raro que donos de pequenas empresas passem por dificuldades para conseguir clientes. Segundo uma pesquisa realizada também pelo Sebrae, no final de 2019, 24% das pessoas que decidem empreender apontam a dificuldade em captar clientes como o maior problema no início de sua jornada empresarial.[2]

Conosco não foi diferente, mas, graças à nossa resiliência – e esse será um tema sobre o qual falarei em um dos próximos capítulos –, conseguimos avançar e garantir o escoamento dos produtos que Gilda tinha me vendido. Isso tudo aconteceu antes mesmo de eu me casar com Sauana. Ou seja, quando fomos para a lua de mel e tivemos o *insight* da henna para sobrancelhas, já estávamos meio imersos nesse mundo dos cosméticos.

Se eu era microdistribuidor e tinha uma margem razoavelmente atraente, ficava pensando no quanto um fabricante lucrava com a venda de seus produtos. Imaginava que ele devia ganhar muito dinheiro. Então, a imagem das tatuagens de henna nos levou à ideia de fazermos algo parecido, mas com fabricação própria. Uma tia da Sauana já tinha um produto similar, que era aplicado nas sobrancelhas de suas clientes.

---

2 Veja mais sobre a pesquisa neste link: https://revistapegn.globo.com/ Empreendedorismo/noticia/2019/10/conquistar-clientes-e-vender-mais-e-principal-dificuldade-do-dono-de-pequenos-negocios.html. Acesso em: 7 ago. 2023.

Quando retornamos da viagem, conversei com minha sogra e, apesar de ela também já trabalhar por muitos anos com cosméticos, não passava por sua cabeça fazer os próprios produtos, pois, para ela, isso era algo muito distante da realidade. No entanto, eu pensava em começar com algo pequeno. Toda marca que conhecemos, por mais gigantesca que pareça, começou pequena. Além disso, nós, que conhecíamos o produto, sabíamos que se tratava de algo artesanal, mas as pessoas que o consumiam podiam achar que era algo internacional, dependendo da maneira como trabalhássemos a abordagem de venda.

A falta de acesso à internet, ferramenta que nos permite descobrir o funcionamento de quase tudo hoje em dia, e a ausência de mentores experientes dificultavam ainda mais o investimento em uma produção própria.

Este é outro dos maiores obstáculos que muita gente que deseja ter o próprio negócio enfrenta: você tem uma ideia, sabe que aquilo pode te dar muito retorno, mas não sabe como viabilizá-la. À época, nós tínhamos apenas a visão de que a henna já era utilizada em salões para procedimentos estéticos, além do adorno em forma de tatuagem infantil, mas tínhamos a intuição de que ela poderia se tornar um bom negócio.

O mercado de cosméticos já estava saturado de bons produtos, então como ter a certeza de que não enfrentaríamos uma concorrência brutal, principalmente de marcas estrangeiras? Conforme afirma o professor de empreendedorismo e colunista da CBN, Douglas Zela,[3] precisávamos nos diferenciar e demonstrar valor, e, para isso, era necessário pôr à prova nossa ideia.

---

3 Ouça a coluna de Douglas Zela neste link: https://cbncuritiba.com.br/load-iframe.html?url=https://cbncuritiba.com.br/materias/cbn-empreendedorismo-por-que-alguns-concorrentes-conseguem-vender-mais-caro-do-que-eu/. Acesso em: 6 ago. 2023.

EM BUSCA DE CAMINHOS

Nosso início se deu de forma bastante artesanal, fazendo os artigos em casa. O jeito de confeccionar o produto com a henna era bem complicado. Quem quisesse trabalhar respeitando as normas de qualquer órgão de regulação sanitária, não poderia, pois não havia uma regulamentação do setor que fosse de conhecimento de todo o mercado nacional. Assim, fizemos um produto artesanal, mas buscamos caprichar na embalagem, dando a ele uma cara de industrial, que traduzisse a seriedade com a qual o fabricávamos.

Com a henna para sobrancelhas em mãos, retomamos nossas visitas aos salões de beleza. O kit trazia henna em três tons de castanho: claro, médio e escuro. Fizemos moldes em seis formatos de contornos das sobrancelhas porque, desse modo, na hora de a cliente aplicar, ela não precisava se preocupar se borraria ou se acertaria o desenho, a consumidora simplesmente aplicava o molde e colocava o produto, que ainda acompanhava misturador e fixador. Criamos uniformes para nós, com calças pretas, camisas laranja, todas com o logotipo da marca para dar a cara da empresa, e vendíamos o produto em conjunto com os cursos que oferecíamos. Se o cliente comprasse determinada quantidade de produto, o curso era gratuito. Fazíamos um *pitch* de vendas interessante: ao comprar vários kits de henna, a pessoa do salão não só ganharia o curso gratuitamente como teria bastante produto para trabalhar por alguns meses.

Nós visitávamos os salões, enquanto minha sogra tocava a produção em casa. Os profissionais dos salões, quando nos viam chegar, tinham a impressão de que éramos vendedores de alguma marca de empresa multinacional.

Sempre fazíamos a pergunta: "Você já conhece a marca Ybera?", mesmo sabendo que era a primeira vez que estávamos naquela localidade e que a resposta verdadeira seria "não". Mas como o cabelereiro não gosta de estar desatualizado, eles sempre respondiam que sim, e isso abria as portas para um produto que não era mais desconhecido.

BRASÍLIA ENTRA NA ROTA

Na capital, era muito mais fácil de vender, porque um salão era perto do outro. Assim, começamos a rodar o Brasil. Primeiro, trabalhamos a cidade do Rio de Janeiro; logo após, Belo Horizonte; e depois, fomos para Brasília. Quando chegamos ao Distrito Federal com 300 kits na bolsa, que planejávamos vender em um mês, tínhamos 400 reais para passar o mês na capital, o que não era nada. Começamos a buscar hotel e não achávamos, o taxista que nos levou ficou rodando conosco na cidade, mas só nos levava em lugares caros. Somente quando já tínhamos gastado os 400 reais no táxi é que ele começou a nos levar a lugares mais baratos.

Quando finalmente nos alojamos em um hotel mais em conta, passamos a fazer tudo lá: tomávamos o café da manhã e jantávamos uma canja ou qualquer outro prato que estivesse no cardápio da noite. Metade do dia era gasta visitando os salões e vendendo. A conta do hotel começou a aumentar, mas, por sorte, estávamos fazendo sucesso e vendendo bastante. Íamos primeiro nos salões chiques da cidade, nos mais elegantes. Quando um comprava, nós o usávamos como referência para abordar outros. Com quase um mês de estadia naquele hotel, o gerente já nos conhecia. Então, certa manhã, ele veio até nós e educadamente disse que, quando completassem 30 dias de estadia, teríamos de acertar a conta, para só então poder seguir hospedados ali. Tínhamos um bolo de cheques pré-datados com prazos de recebimento variados – 30, 60, 90 e 120 dias – e 150 kits de henna na bolsa, mas nenhum dinheiro disponível para pagar a conta do hotel. Novamente a questão da falta de dinheiro entrava em cena.

EM BUSCA DE CAMINHOS

No dia seguinte, sentamo-nos em uma praça, fizemos uma oração e deparamos com uma decisão a tomar. A primeira opção era abandonar nossas malas no hotel e retornar para fazer o pagamento quando os cheques fossem compensados. A segunda era ligar para nossas mães e pedir ajuda financeira. E a terceira opção era vender o restante dos 150 kits que tínhamos para alguém que pudesse comprá-los à vista. Se conseguíssemos encontrar um cliente grande, que pudesse adquirir todo o lote restante, lhe daríamos desconto pela venda dos kits e ele se tornaria nosso distribuidor oficial na região.

Decidimos não retroceder e seguimos em frente, optando pela terceira opção. Nosso objetivo era encontrar esse cliente grande. No mesmo dia, lembramos de um nome que era citado em praticamente todos os salões que visitamos. Todos eram unânimes em relação a um nome, Antônio, que distribuía os itens de uma grande marca multinacional de cosméticos.

Na verdade, Antônio era o distribuidor da maior marca de cosméticos de Brasília, então fomos até ele e, por sorte, conseguimos ser recebidos. Sua empresa era estruturada e elegante, seu escritório era lindo, de fazer as pernas tremerem só de entrar no lugar. Isso nos deixou um tanto nervosos para entrar e falar com ele. Ao nos sentarmos à mesa com ele, fizemos a apresentação do nosso produto. Antônio observou nosso produto com atenção.

Depois de algum tempo, ele disse que, embora tivesse achado nosso produto interessante, não havia mercado para ele em Brasília. Determinado a convencê-lo, retirei do meu bolso os 150 cheques de diferentes salões de beleza onde já havíamos feito vendas na cidade. Mostrei a ele que, se tínhamos conseguido vender 150 kits, ele também poderia fazer o mesmo. Ao observar os cheques em minhas mãos, Antônio identificou um cheque de um salão de beleza renomado e decidiu fazer uma ligação para confirmar se o produto era bom e se o estabelecimento estava satisfeito com a compra.

A cabeleireira ficou muito feliz em receber a ligação de Antônio e confirmou que, se ele se tornasse o distribuidor do produto, ela já estava interessada em comprar novamente. Conseguimos fisgar o peixe!

Antônio ficou entusiasmado com os produtos e iniciamos as negociações para vender os 150 kits que tínhamos em mãos. Com o valor pago, pudemos quitar nossa dívida com o hotel e comprar passagens de avião para voltar para casa. Além disso, tínhamos capital para iniciar um novo negócio de distribuição.

O kit que anteriormente vendíamos para os salões por um preço, agora era vendido para o distribuidor pela metade do valor, mas isso ainda garantia uma boa margem de lucro para nós, uma vez que o custo de produção era bem inferior ao valor da venda para o distribuidor.

Antônio tornou-se nosso primeiro de muitos distribuidores. Sua parceria e confiança em nosso produto impulsionaram nossos negócios. A partir desse ponto, expandimos as operações e buscamos outros distribuidores em diferentes regiões do país.

Essa jornada nos ensinou lições valiosas sobre persistência, coragem e a importância de encontrar os parceiros certos. Com determinação e visão de futuro, conseguimos superar os obstáculos iniciais e abrir caminho para o sucesso em nosso empreendimento.

Esse primeiro distribuidor foi um marco crucial em nossa história, abrindo portas para novas oportunidades e consolidando nossa presença no mercado de cosméticos. Com essa parceria promissora, estávamos prontos para enfrentar os desafios e crescer ainda mais no mundo dos negócios.

Isso fez também com que mudássemos nosso foco: a partir daquele momento, iríamos para alguma capital, venderíamos para determinados clientes e, em seguida, procuraríamos um distribuidor. O foco, ou melhor, a falta dele pode ser um dos grandes sabotadores para o empreendedor iniciante. Conforme li em uma matéria da revista *Pequenas Empresas & Grandes Negócios*,[4] é preciso ter foco e delimitar o que e para quem você quer vender. Isso facilita a tomada de decisões certas. E assim fizemos, direcionando nossos contatos para as capitais e buscando distribuidores locais.

Nosso primeiro distribuidor de Brasília, que também trabalhava com uma marca multinacional e era conhecido por outros distribuidores da mesma marca, nos indicou para distribuidores de outras regiões. Falar o nome dele já nos possibilitava entrar em contato com essas empresas. Quando você vai trabalhar com alguém que já tem uma estrutura, que é grande, consegue também encontrar as lacunas que existem nas empresas grandes.

Há muitas lacunas nas empresas grandes que nunca serão preenchidas. Nosso produto se encaixava em uma das lacunas de nossos concorrentes maiores. No mercado da cosmética, como as marcas concorrentes eram enormes, levaria muitos anos para que elas conseguissem desenvolver algo similar.

Quando contávamos com cinco distribuidores no Brasil e tínhamos um volume grande de produção, que nos demandava seis funcionários para a fabricação dos produtos, minha sogra já havia saído da produção e deixado de ser nossa sócia.

---

[4] 45 DICAS para o empreendedor encontrar o foco e fazer sua empresa crescer. **Pequenas Empresas & Grandes Negócios**, 26 jun. 2021. Disponível em: https://revistapegn.globo.com/Administracao-de-empresas/noticia/2021/06/5-dicas-para-o-empreendedor-encontrar-o-foco-e-fazer-sua-empresa-crescer.html. Acesso em: 6 ago. 2023.

ENTRANDO NA ONDA DA ESCOVA PROGRESSIVA

No ano de 2005, surgiu a escova progressiva e todos nos perguntavam sobre a disponibilidade de algum produto nosso que correspondesse à escova. A maneira que os cabeleireiros trabalhavam era comprar a receita, que era a mistura de um *leave-in* com formol, e aplicar no cabelo, e a aplicação era caríssima. O formol gerava muita fumaça, que fazia arder os olhos. A mistura dava um efeito incrível nos cabelos, mas o mal em utilizá-lo era muito grande também, era um artigo horrível para se trabalhar. Em todos os salões que visitávamos, sempre nos pediam uma alternativa para aquilo. Até que encontramos um salão, em Minas Gerais, em que a cabeleireira usava uma mistura de frutas e produtos naturais para alisar o cabelo, que funcionava como o formol, não com um resultado tão bom, mas que apontava para uma direção.

Sauana colocou um olhar crítico no produto. Sugeriu que utilizássemos os ingredientes que a cabeleireira usava, mas que tentássemos identificar a química por trás das frutas que dava o efeito desejado, sem os malefícios do formol. Começamos a fazer experimentos em casa mesmo, até chegarmos a um resultado. Produzimos cinco litros da substância em uma panela e começamos a testá-la. Eureka! Havíamos encontrado a fórmula perfeita! Naquele momento, não entendíamos a importância daquela descoberta, mas tínhamos inventado a primeira escova progressiva sem formol, algo que mudaria nossas vidas.

Engarrafamos o conteúdo e mandamos o produto para nossos cinco distribuidores. Eles nos deram o retorno que queríamos: a substância que havíamos encontrado equivalia a ouro para os cabeleireiros, precisávamos trabalhar com o produto e atender aos pedidos que estávamos recebendo. Agora eu tinha de tomar a decisão de produzir por conta própria ou fabricar em uma indústria terceirizada.

EM BUSCA DE CAMINHOS

Aquele era um grande passo que devíamos dar. Se eu optasse por terceirizar, precisaria ensinar ao fabricante como fazer aquilo, mas correríamos o risco de perder nossa invenção. Na época, nosso faturamento era baixo demais para construir uma fábrica. Foi aí que, dada a necessidade de cortar custos e, ao mesmo tempo, buscar uma solução inovadora para nosso problema de produção, surgiu a ideia de migrar para um local que representasse um gasto menor em nosso orçamento. O Rio de Janeiro andava muito violento (infelizmente, já tínhamos sofrido com assaltos algumas vezes), então, onde poderíamos retomar nossas atividades? Era preciso fazer a escolha e, como sempre, agir, mesmo que estivéssemos sujeitos ao engano. Foi o que fizemos, uma vez mais.

CAPÍTULO 2

EMPREENDER NÃO VEM COM MANUAL

ara alguns profissionais, crescer e ter de readequar a empresa pode ser um problema. Diante da necessidade de mudança, tivemos que descobrir, novamente de forma intuitiva, como agir, tentando transformar aquela dificuldade em oportunidade.

A necessidade de mudança física da empresa nos fez buscar novas localidades cujos gastos coubessem em nosso fluxo de caixa. O Espírito Santo nos parecia uma boa opção do ponto de vista econômico. Assim, encontramos um prédio abandonado próximo à cidade de Floriano Peixoto. Nos últimos cinco anos, ninguém havia entrado nele; era ocupado por pombos mortos, um cenário horrível. Apesar de estar jogado às traças, o valor do prédio ainda não cabia completamente no nosso bolso. Para ajudar, porém, o dono tinha recebido o prédio como maneira de liquidar as dívidas de seus credores e não tinha interesse em ter um imóvel no Espírito Santo. Conseguimos negociar a aquisição do edifício com o pagamento a prazo, que nos desse flexibilidade para quitar a transação e ter fôlego para arrumar tudo.

Logo, tínhamos o prédio para montar a indústria. Porém, como se configurava uma fábrica de cosméticos por dentro, como ela funcionava? Não tínhamos ideia. Como conseguir o registro da Anvisa? Como e onde comprar as máquinas? Quanto elas custavam? Estávamos completamente perdidos.

Sentir-se assim não é incomum para quem empreende e vê seu negócio crescer. Segundo uma pesquisa realizada há alguns anos pela Confederação Nacional dos Jovens Empresários, 23% dos jovens empresários entrevistados afirmaram que não tinham buscado nenhum apoio para a abertura ou o crescimento de suas empresas.[5]

---

5 PARA jovens empreendedores, o difícil é começar. **Pequenas Empresas & Grandes Negócios**, 24 nov. 2016. Disponível em: https://revistapegn.globo.com/Empreendedorismo/noticia/2016/11/para-jovens-empreendedores-o-dificil-e-comecar.html. Acesso em: 6 ago. 2023.

No nosso caso, não havia alternativa que não fosse buscar apoio em quem entendesse da produção de cosméticos para fundar nossa fábrica; caso contrário, estaríamos fadados ao fracasso.

O ponto de partida, portanto, era contratar um químico. Pensávamos que, se contratássemos um profissional de uma empresa já existente, ele conheceria os processos daquela indústria. Então, contratamos o químico, compramos tudo financiado, apenas acreditando que, quando produzíssemos nossa fórmula para escova progressiva sem formol, conseguiríamos pagar as dívidas, e iniciamos a produção. Montamos a fábrica em apenas três meses. Reformamos o prédio todo e adquirimos os equipamentos necessários. Quando abrimos a instalação, tínhamos capacidade para produzir 350 quilos da fórmula por dia. Fizemos tudo isso apenas acreditando no potencial de nossa ideia— a escova progressiva sem formol.

Para nossa sorte, quando a fábrica estava praticamente pronta, saiu uma medida da Anvisa que proibia o uso do formol, e que chegou a ser matéria dos principais programas de televisão. Aquilo gerou um *boom* no nosso negócio. Em seguida, já estávamos preparados para dar início à produção. Tínhamos uma margem de lucro boa e a quantidade que fabricávamos era menor do que a quantidade que vendíamos. Havia gente nos ligando dia e noite em busca do item. De cinco distribuidores, passamos para doze. A empresa começou a faturar e a crescer de verdade.

Algo que poderia ser considerado um "mal" do crescimento é esse: você ganhar dinheiro e não saber como utilizá-lo. Mesmo com um faturamento expressivo, nunca vivemos uma vida de luxo. Priorizamos reinvestir na empresa para garantir seu crescimento contínuo e sustentável.

INVESTINDO EM DESIGN E EM NOSSA IMAGEM

O lucro gerado com nosso crescimento nos impulsionou a mudar o formato do produto. Se queríamos expandir, era preciso aprimorar o design de nossas embalagens. O cabeleireiro é um profissional que trabalha com a beleza, ele é muito visual. Se toda a arte que envolve os artigos com os quais ele trabalha não traduz o arrojo de um concorrente internacional, ele vai optar pelo que traz a sofisticação de que ele precisa e vai abandonar sua marca.

Se, no início, eu tinha feito o design dos artigos da Ybera, dentro da minha limitação, agora eu não era capaz de agregar no envoltório toda a beleza que meu produto em si proporcionava aos clientes. Eu imaginava um tipo de design, mas não conseguia materializá-lo, porque me faltavam repertório e conhecimento técnico como designer.

Foi quando tomamos a decisão de contratar uma agência de marketing para nos direcionar. Foi uma decisão difícil, porque não imaginávamos que seria algo tão caro. Se a criação do design já era algo absurdamente custoso, a execução em si aumentava ainda mais os valores. Então tínhamos de, além de encomendar a criação e a execução de um novo layout, bancar a confecção das novas embalagens, a publicidade e a veiculação de anúncios.

A dona da agência de marketing, Karen, era uma pessoa de visão sofisticada e transformou nossos produtos. Ela nos disse que, se realmente quiséssemos crescer, deveríamos ir para São Paulo participar de uma feira de cosméticos, a Hair Brasil. Ela nos sugeriu que criássemos um produto para lançar nessa feira, e o design desse produto potencializaria a imagem que tínhamos no mercado, visto que gente do mundo todo comparecia ao evento.

Então, nos ocorreu o pensamento de criar o Botox$^{®}$[6] capilar. Como o Botox$^{®}$ estava em evidência na época, tivemos a ideia de testar o que a toxina botulínica era capaz de fazer no cabelo.

---

6 Devo lembrar aqui que Botox$^{®}$ é uma marca registrada da empresa farmacêutica Allergan. Seu principal componente é a toxina botulínica, substância que também utilizamos em nosso produto.

Sabemos que no corpo ela paralisa o músculo ao longo de três ou seis meses e depois desse período o músculo volta à sua atividade normal. Mas que efeito ela produziria no cabelo, que é uma fibra? Assim, começamos a fazer os testes.

Desde aquela época, em que éramos uma empresa pequena, até hoje, somos nós, Sauana e eu, que criamos todos os artigos que produzimos e comercializamos. Não se trata de ser centralizador, mas não encontramos ninguém que pudesse desenvolver o produto, além de nós mesmos. Há profissionais que nos ajudam na confecção do rótulo, por exemplo, porém idealizar o produto é realmente muito complicado, então somos nós que continuamos abraçando essa responsabilidade.

Quando criamos, testamos e vimos que o tratamento botulínico capilar funcionava, nós o mostramos à Karen, que também adorou a ideia e nos incentivou a levá-lo à feira. Ao tomarmos a decisão de fazer o produto, novamente surgiu a questão do endividamento: me comprometi com todo mundo, contando que a feira daria certo e nós conseguiríamos pagar aquele novo investimento. O custo da operação para participar da feira passava de 1 milhão de reais. Vendemos tudo o que tínhamos: casa, carro... Se a feira desse errado, teríamos de procurar outra coisa para fazer da vida.

A PARTICIPAÇÃO NA HAIR BRASIL

Fizemos tudo exatamente da maneira como Karen visualizava. Chamamos nosso distribuidor de Goiânia, combinamos que ele levaria sua equipe e que eles fariam a venda, desde que ele comprasse todos os produtos e pagasse à vista. O estoque que estaria ali seria todo dele, uma venda de centenas de milhares de reais. Isso já serviu como entrada para pagar tudo que era preciso. Ele levou os produtos e a equipe, treinada pela Marineuma Viana (ela

ALGO QUE PODERIA SER CONSIDERADO UM "MAL" DO CRESCIMENTO É ESSE: VOCÊ GANHAR DINHEIRO E NÃO SABER COMO UTILIZÁ-LO. MESMO COM UM FATURAMENTO EXPRESSIVO, NUNCA VIVEMOS UMA VIDA DE LUXO. PRIORIZAMOS REINVESTIR NA EMPRESA PARA GARANTIR SEU CRESCIMENTO CONTÍNUO E SUSTENTÁVEL.

@JOHNATHANYBERA

é uma história à parte, que merece destaque, mas no capítulo 4 conto mais detalhes). Isso representou um estande de dois andares, com uma grande sala de coquetéis e 25 vendedores devidamente uniformizados, uma configuração que fortaleceu nossa imagem perante os visitantes e os clientes. Quem mais lucrou foi nosso distribuidor, mas era o que ele precisava para cobrir seus custos com equipe, transporte e hospedagem. Nós visávamos à expansão do negócio.

A feira abriu em uma sexta-feira, às dez da manhã. Assim que isso aconteceu, a primeira pessoa a entrar no estande foi um homem com sotaque espanhol, querendo saber quem era o proprietário da marca. Eu me apresentei, me virando como podia no idioma estrangeiro. Ele me perguntou se eu era capaz de exportar produtos e eu respondi que sim (pelo senso de oportunidade, a dona da agência de marketing havia insistido para colocarmos as informações nos rótulos em três línguas: português, espanhol e inglês, ou seja, nossa embalagem estava preparada para atender às demandas de outros países). Então, ele quis saber se já tínhamos um representante de vendas na Venezuela. Respondi que não, mas quem fizesse a compra primeiro levava também esse posto. Ele ficou entusiasmado e disse que o faria naquele instante. Estávamos acostumados a tirar pedidos de uma centena de unidades, duas no máximo. Do primeiro produto, ele pediu mais de dez vezes a quantidade que estávamos acostumados a vender, mas sua esposa, que o acompanhava, comentou que era pouco e pediu que dobrássemos o número. No fim das contas, somente o pedido dele já tinha pago todo nosso investimento na feira.

O venezuelano foi o primeiro de uma série de outros parceiros que vieram em seguida: gente da Inglaterra, Equador, Guatemala, entre outros; fizemos negócio com distribuidores de 12 países, todos com pedidos grandes, além de salões de dezenas de estados brasileiros.

No segundo dia de evento, fomos apresentados no Jornal Nacional como a revelação da feira, com destaque para nosso produto. Foi um *boom*! Saímos de lá com um monte de pedidos e uma fábrica pequena, que não daria conta de tanta demanda.

Se, inicialmente, o problema era ter cacife para pagar o evento, agora minha pergunta era como eu conseguiria exportar todos os pedidos gerados. Eu não tinha ideia do que era, por exemplo, "radar de exportação" – um termo que se refere a um documento emitido pelo governo brasileiro, que permite às empresas importarem ou exportarem bens de consumo. Com ele, você se torna uma empresa exportadora.

Eu tinha prometido entregar tudo em até 30 dias, prazo que acabou se estendendo um pouco, pois era impossível realizar tudo em tão pouco tempo. Agi sem saber como fazer e corri atrás. Compramos mais maquinários, contratamos mais funcionários, compramos mais matérias-primas e embalagens. Aí começamos nossa jornada internacional, e nem tínhamos saído do Brasil até então.

Essa experiência nos mostrou que nosso potencial não se limitava apenas ao mercado brasileiro. Além de consolidarmos nossa presença em todo o território nacional, iniciamos oficialmente o processo de exportação de nossos produtos.

A conquista desses novos mercados internacionais representou um salto gigantesco para nossa empresa. Agora tínhamos a oportunidade de levar nossa marca e nossas inovações para diferentes partes do mundo. A demanda pelos produtos da Ybera ultrapassava fronteiras, e a perspectiva de crescimento e expansão se tornava ainda mais palpável.

Com o conhecimento adquirido na feira Hair Brasil e a parceria estabelecida com distribuidores internacionais, intensificamos nossos esforços para atender às demandas dos clientes estrangeiros. Adaptamos nossa produção e logística para atender às exigências de exportação, garantindo a qualidade e a entrega pontual dos produtos.

Assim, a feira em São Paulo ajudou nossa empresa a mudar de patamar muito rápido. Saímos do zero e, em três anos, tínhamos uma indústria bem formada e capacitada. Com apenas cinco anos de existência, nossa marca já estava presente no Brasil inteiro e em mais de 12 países.

Até aqui, contei o passo a passo do surgimento da Ybera, todas as dificuldades iniciais que enfrentamos e como ela foi crescendo ao longo dos anos. A partir do próximo capítulo, quero dividir com você as táticas que utilizamos e como você pode aplicá-las ao seu negócio.

A CONQUISTA DESSES NOVOS MERCADOS INTERNACIONAIS REPRESENTOU UM SALTO GIGANTESCO PARA NOSSA EMPRESA. AGORA TÍNHAMOS A OPORTUNIDADE DE LEVAR NOSSA MARCA E NOSSAS INOVAÇÕES PARA DIFERENTES PARTES DO MUNDO.

@JOHNATHANYBERA

CAPÍTULO 3

O DESTINO É FIXO, MAS O ITINERÁRIO É FLEXÍVEL

O crescimento da Ybera não foi fruto de muito planejamento. É preciso planejar, mas lembrar-se de que seu plano sempre pode dar errado, com os números oscilando tanto para baixo quanto para cima. Há pessoas que só dão o passo quando o plano está perfeito. Sauana e eu nunca esperamos nosso plano estar perfeito, sempre o mudamos no meio do caminho. Nós fixamos o objetivo, esse a gente não muda, mas se estamos em um caminho e descobrimos que ele não nos levará até o objetivo almejado ou que ele nos fará demorar muito para chegar lá, voltamos e pegamos outra rota.

Parece absurdo dizer, mas muitas pessoas que trabalham conosco acham que somos meio doidos. Somos capazes de fazer uma reunião hoje, mostrar o traçado para alcançar um objetivo e amanhã mudar todo o plano. Fazemos isso com base no pensamento de que o menor prejuízo é sempre o primeiro. Às vezes, gastamos determinado valor para elaborar um projeto e temos a ilusão de que, se abandonarmos tal projeto, perderemos todo o investimento feito nele, mas no fim é preciso se perguntar: "Quanto perderemos insistindo em algo que vemos de antemão que está equivocado?". E eu respondo: muito mais dinheiro! Nossos funcionários até já sabem que tudo pode mudar na última hora, e que com frequência a mudança será para melhor. Ao menos, sempre lutamos para que seja assim.

Sei disso porque já sentimos na pele a experiência de gastar e depois mudar de ideia. Certa vez, compramos uma quantidade de embalagens para lançar um produto. Por algum motivo, observamos que aquela aposta não ia vingar, então pensamos em abortar a missão, depois de nos perguntarmos se era melhor perder a garrafa ou o produto dentro da garrafa. Nosso prejuízo com certeza seria menor se perdêssemos somente as embalagens. E foi assim que fizemos.

Embora as mudanças sejam inevitáveis em todo negócio, muita gente lida mal com elas. É uma reação natural porque elas nos obrigam a sair da zona de conforto e enfrentar o desconhecido ou trilhar um caminho que pode ser ainda mais trabalhoso do que aquele com o qual estamos habituados. Eu sempre prefiro pensar mais à frente, nos sacrifícios momentâneos que proporcionarão um crescimento no médio prazo. E para isso, inevitavelmente, cultuo uma visão otimista em relação ao futuro.

Por sorte, não estou sozinho nessa. De acordo com uma pesquisa realizada no final de 2022 pela empresa de consultoria KPMG, que entrevistou mais de 1.600 CEOs, incluindo 50 executivos brasileiros, a resiliência foi o principal expoente presente nos empreendimentos, e estima-se que, à época, 94% dos líderes no Brasil estavam confiantes ou muito confiantes quanto ao crescimento das empresas nos três anos seguintes.[7] Esse dado é surpreendente se pensarmos em duas mudanças significativas que o mundo enfrentou nos últimos anos, nos âmbitos social, político e econômico: a pandemia do coronavírus, que felizmente chegou ao fim, e a guerra na Ucrânia. Para o presidente da KPMG, diante das crises, os CEOs têm demonstrado cada vez mais agilidade em ajustar as estratégias das organizações que comandam. Eu compartilho dessa visão de agilidade e otimismo.

Um dos meus lemas é "não dá para fazer uma omelete sem quebrar os ovos". Muitas vezes, tentamos preservar algo pequeno que já temos e não pensamos na deliciosa recompensa que está à frente. É preciso fazer loucuras, ainda que sejam com certo grau de controle.

---

7 KPMG. 94% dos empresários brasileiros estão otimistas com os negócios. Correio Braziliense, 13 dez. 2022. Disponível em: https://www.correiobraziliense.com.br/parceiros/kpmg/2022/12/5058753-94-dos-empresarios-brasileiros-estao-otimistas-com-os-negocios.html. Acesso em: 12 ago. 2023.

EU SEMPRE PREFIRO PENSAR MAIS À FRENTE, NOS SACRIFÍCIOS MOMENTÂNEOS QUE PROPORCIONARÃO UM CRESCIMENTO NO MÉDIO PRAZO. E PARA ISSO, INEVITAVELMENTE, CULTUO UMA VISÃO OTIMISTA EM RELAÇÃO AO FUTURO.

@JOHNATHANYBERA

TER O TEMPO COMO ALIADO

Além de ser necessário se arriscar, também é preciso entender e saber lidar com a questão do tempo. Qualquer pessoa que decida empreender não pode estipular uma meta de longo prazo. Ela precisa botar o destino em seu GPS e saber para onde está indo, ajustando a rota sempre que necessário. É preciso tomar decisões e ter metas de curto e médio prazos em sua maioria, metas pequenas e manejáveis.

Na trajetória da Ybera, as datas sempre foram marcos importantes para nosso crescimento. Como exemplo, posso citar nossa já comentada participação na feira Hair Brasil. A meta era ir até lá e dar nosso melhor. Depois dela, trabalhamos com afinco para produzir os produtos encomendados, que eram muitos, já pensando no que faríamos na edição seguinte do evento. Assim, nossas metas eram anuais, nunca deixávamos de querer ser os primeiros nas edições da feira, tampouco nos planejávamos para eventos que ocorreriam muito tempo depois, sob o risco de perder o foco no crescimento.

EMPREENDER É UM APRENDIZADO CONSTANTE

Embora a vida empresarial não venha acompanhada de manual, com a experiência ao longo dos anos fui me aprimorando na prática e com a ajuda dos figurões que foram aparecendo e que já manjavam de alguma área do negócio. A experiência que temos hoje – fabricar produtos, ter parcerias com diversos influenciadores digitais, exportar e importar cosméticos – foi adquirida com os outros. Hoje somos um grupo multinacional, temos empresas na China, nos Estados Unidos, em Dubai, no Panamá, no México, todas de nossa propriedade. É uma marca que cresceu bastante, é querida entre os clientes e distribuidores e pode ser encontrada nos melhores salões do mundo.

O DESTINO É FIXO, MAS O ITINERÁRIO É FLEXÍVEL

Tendo como ponto de partida os produtos fabricados por outras marcas, que vendíamos aos salões de beleza, tivemos nossas ideias para desenvolver uma fábrica de criações próprias.

Eu não sabia inicialmente como montar a empresa do ponto de vista burocrático. No início, isso não era uma prioridade, pois estava focado em validar os produtos e fazer as vendas aumentarem. Conforme nosso empreendimento cresceu, tornou-se inevitável abrir a empresa para formalizar o negócio. Assim, contratamos um contador que nos deu orientações básicas sobre como proceder.

Com apenas seis meses desde o início do trabalho, a empresa já estava formada, e começamos a emitir notas fiscais, buscando regularizar nossas atividades. Essa atitude demonstra nossa disposição em nos adequar às questões burocráticas e trilhar um caminho legal para a evolução do empreendimento. O apoio do contador foi fundamental nesse processo, permitindo que avançássemos com segurança rumo ao crescimento dos negócios.

A contabilidade não foi uma prioridade inicialmente, mas, conforme o negócio se desenvolveu, tornou-se um desafio importante. Ao encontrar um contador que prometia reduzir legalmente os impostos, decidimos trabalhar com ele. Entretanto, com o tempo, percebemos que, mesmo com o aumento das vendas, os impostos permaneciam inalterados. Isso gerou suspeitas e nos motivou a investigar mais a fundo a contabilidade. Vimos que havia um erro ali e tivemos de corrigi-lo.

Essa experiência nos ensinou a importância de conduzir a contabilidade de forma transparente e legal, priorizando o cumprimento das obrigações fiscais. Essa postura ética e comprometida contribuiu para a consolidação do nosso negócio e nos permitiu crescer de maneira sustentável e bem gerenciada. Todos os erros que cometemos e corrigimos nos ensinaram que o caminho se trilha diariamente, na base da tentativa, do erro e do acerto.

O DESAFIO DE MANTER AS CONTAS EM DIA

Como empresário, também tive algumas dificuldades em saber como utilizar o dinheiro que começamos a ganhar com a empresa. A dúvida sobre investir na empresa ou buscar outras oportunidades sempre existiu.

No entanto, nossa abordagem financeira sempre foi singular e fundamentada no reinvestimento dos lucros na própria empresa. Desde o início, optamos por não recorrer a empréstimos bancários ou financiamentos externos. O ditado "vender o almoço para comprar a janta" foi uma filosofia que aplicamos de forma positiva, priorizando vender produtos com margens adequadas e fazer compras conscientes, acumulando recursos para reinvestir no negócio.

A cultura que desenvolvemos sempre foi pautada pela simplicidade e pelo desprezo pela ostentação. Acreditamos que o dinheiro tem seu lugar adequado e, para nós, não há lugar melhor para investir do que em nossa própria empresa, que estava crescendo e prosperando.

No entanto, quando sentimos que demos um passo maior que a perna, buscamos soluções sem recorrer a empréstimos bancários ou outras formas de endividamento que nos prejudicassem. Quando percebemos nossa inabilidade para criar reservas, incorporamos um sócio estrangeiro ao negócio. Ele implementou mudanças importantes em nossos processos. Como não tínhamos capital de giro e aceitávamos um prazo muito longo para pagamento, pagávamos muitos juros ao banco. Ele determinou que pararíamos de pagar juros, pois, com isso, perdíamos dinheiro. Dinheiro de banco, além de ser caro, é demorado de conseguir. O banco só libera fundos de forma rápida para quem já tem capital. Se o empreendedor ficar sonhando que vai pegar um dinheiro em uma instituição financeira e aquilo vai salvar a vida dele, viverá na ilusão. É mais rápido fazer negociações bem-feitas do que se escorar em um empréstimo para conseguir avançar.

MUDANÇA DE *MINDSET*

Até aqui falei de todas as pedras com as quais topamos no caminho para ilustrar que realmente ter uma empresa e fazê-la crescer não é tão fácil. Empreender é um desafio que requer criatividade, resiliência, foco e capacidade de inovar. Também é necessário ter mente aberta, sem ter medo de errar. O empresário precisa pensar em resolver ós problemas. Minha cabeça, diante de um obstáculo, pensa em dez soluções ao mesmo tempo, dentre as quais nove, provavelmente, estão erradas, mas aquela certa é que determinará o caminho do sucesso.

Por isso, a partir do próximo capítulo, você verá como consegui superar as dificuldades que se apresentaram nas diversas fases do negócio. Eu lhe ensinarei meu método para lidar com a tendência de desistir e com a insegurança de qual rumo tomar com base em cada obstáculo, de forma sábia; tudo com base em minha própria experiência de vida e profissional.

Antes de mais nada, é preciso entender que um empreendimento só vai para a frente com uma mudança de *mindset*, um olhar positivo para o futuro, com base na tentativa e no erro, mas com agilidade na hora de consertar o erro e reajustar a rota. Com a coragem de implementar mudanças, de ser criativo para pensar e oferecer produtos inovadores, que têm o próprio espaço no mercado e na mente dos consumidores.

Retroceder jamais, se for necessário sempre. Essa frase se tornou minha bússola durante toda essa jornada e continua guiando-me até hoje. Convido você, caro leitor, a continuar lendo e a descobrir como o poder da perseverança moldou a história do nosso empreendimento.

CAPÍTULO 4

AS FERRAMENTAS PARA NUNCA DESISTIR

Como já mencionei brevemente no capítulo anterior, por mais que as circunstâncias muitas vezes não fossem tão favoráveis, ao longo de minha jornada fui observando que a resiliência e a resistência para lutar e conseguir o que desejamos precisam partir de um olhar positivo e otimista para a vida.

Desde o início, quando Sauana e eu visitávamos os salões para tentar vender nossos produtos, nada era um obstáculo. O que muitas pessoas enxergavam como uma rotina difícil, minha esposa e eu considerávamos diversão. Não estou dizendo que tratávamos nossa profissão sem seriedade, e sim que buscávamos não ter medo dos problemas, pois acreditávamos que sempre encontraríamos uma solução para o que quer que fosse.

Essa mentalidade de acreditar que para tudo haverá uma saída é fundamental para aqueles que desejam ter o próprio negócio e vê-lo crescer. É realmente uma mudança de *mindset*, de focar sempre nas soluções e não dar aos problemas uma importância maior do que eles realmente têm.

Além da mentalidade positiva, que creio ser essencial não somente para empreender mas também para realizar toda e qualquer atividade na vida, reuni alguns pontos que acredito serem primordiais para construir um caráter resiliente, pronto para enfrentar quaisquer obstáculos que se apresentem. Eu os coloco de maneira detalhada a seguir.

TENHA PESSOAS DE CONFIANÇA À SUA VOLTA

Desde o início de minha jornada, tive o apoio de pessoas em quem confio, com as quais podia compartilhar pensamentos e dúvidas. Quando chegavam ideias mirabolantes, Sauana e eu podíamos validá-las se eram coerentes ou descartá-las.

Outra pessoa que fez toda a diferença em minha caminhada foi o Romulo, meu irmão mais novo, mas com mentalidade de irmão mais velho. Ele é bem pé no chão, então sempre foi contra todas as loucuras que eu propunha. Em muitas ocasiões, nós o ouvíamos, pois era nosso porto seguro em termos de responsabilidade e de seriedade. Seu início conosco aconteceu bem cedo e, embora ele tivesse apenas 18 anos na época, as pessoas que conversavam com ele por telefone o chamavam de sr. Romulo. Quem proporcionava o encantamento para o cliente em qualquer venda éramos Sauana e eu, mas a condução da negociação até o desfecho quem fazia era Romulo, desde o cumprimento dos contratos até o respeito aos prazos, com seriedade tal que não deixava dúvidas de que a Ybera era uma empresa competente e compromissada. Ele era a pessoa que cuidava exemplarmente dos bastidores. Não por acaso, hoje ele é um dos sócios do grupo e cuida do contato com o cliente e da parte comercial.

Há uma crença de que nossa família deve ser sempre nossa aliada. Embora essa não seja uma regra que vale para todo mundo, você pode pensar que era fácil para mim confiar na Sauana e no Romulo também nas questões empresariais, e eu devo admitir que sim. Eu sempre tive os dois como meus grandes parceiros na vida. Eles são membros da família que também se tornaram aliados nos negócios. No entanto, é preciso falar ainda de Djillali, outro sócio do grupo.

Djillali apareceu em um momento crucial da trajetória da empresa. Depois da euforia pós-feira Hair Brasil, em que estávamos em um movimento ascendente no faturamento, tivemos coragem para fazer mais e mais. Tudo o que investíamos se transformava em retorno, até um determinado momento em que o retorno não veio e ficamos endividados, algo a que todo empresário em algum momento da vida está sujeito. O empreendedor às vezes

AS FERRAMENTAS PARA NUNCA DESISTIR

brinca com a sorte, porém as coisas mudam e os ajustes são necessários.

Houve, então, um ponto em que participávamos de todas as feiras de cosméticos no Brasil e no mundo, investíamos em anúncios em revistas especializadas e de grande circulação. Até aquilo tudo parar de dar retorno. Há uma mentira que todo empresário conta a si mesmo que é a de que, se estamos realizando muitas ações de marketing e, de repente, paramos de realizá-las, o mercado todo achará que estamos quebrando. Contudo, hoje penso que é melhor parecer que estamos quebrando e a realidade ser outra do que parecer economicamente saudável e, na realidade, estar sem capital. Descrevendo com uma analogia bem didática, naquela época éramos um anão com a sombra de um gigante. Disputávamos espaços em pé de igualdade com as multinacionais, isso tudo na aparência, na qualidade e nas embalagens de nossos produtos, mas não no fluxo de caixa. Parecíamos uma potência, porém sustentar essa imagem era demasiadamente oneroso.

Nossos distribuidores estrangeiros ganhavam dinheiro, mas, para nós, aquela imagem deixou de ser sustentável. Nosso caixa vivia zerado e as dívidas aumentavam. Chegamos à conclusão de que também era preciso ter reserva de capital. Djillali ganhou mais importância justamente quando precisávamos botar os pés no chão, fazer o arroz com feijão e deixar de lado o caviar.

Djillali havia começado a trabalhar como distribuidor dos produtos da Ybera na França, foi assim que o conhecemos: como nosso distribuidor. Então, depois de um semestre, ele pediu para ser nosso representante para toda a Europa. Como não tínhamos ninguém ali, demos autorização para que fizesse esse trabalho. Ele colocou a marca em toda parte, tornando nossa entrada no continente europeu muito maior que a do Brasil. E com isso ele ganhava mais dinheiro que a gente aqui, porque vendia para países com moedas mais fortes.

Por aqui, as dívidas iam aumentando, e chegaram a tal ponto que decidi que devíamos vender o negócio. Encontramos um comprador em Israel e ele ficaria com 50% de tudo. O valor oferecido resolveria meus problemas, pois eu conseguiria pagar nossas dívidas e ter capital de giro. Praticamente tínhamos fechado com ele e começamos a apresentá-lo aos nossos parceiros. Quando o apresentamos a Djillali, que é muçulmano, ele questionou a presença do novo sócio e sua idoneidade. O francês então provou que esse possível novo sócio seria um problema e nos ofereceu ajuda financeira. Acabamos propondo a Djillali que ele, então, ocupasse esse lugar no grupo.

Assim, Djillali entrou como um sócio mais linha-dura (Romulo não tinha tanto poder sobre mim porque ainda não tinha parte na sociedade), e a sensação que me deu era a de que, a partir de então, eu tinha um patrão. Isso foi muito positivo, porque daquele ponto em diante eu precisava prestar contas a alguém de fora do meu círculo familiar, o que me fazia pensar em meus atos. Às vezes, ter um sócio nos obriga a lidar com o fluxo de caixa de maneira mais responsável, tendo de prestar contas.

Antes dele, confundíamos um pouco o que era conta da empresa com o que eram nossas contas pessoais, outro grande equívoco da maioria dos empreendedores. É uma linha tênue essa, mas temos de evitar incorrer nesse erro. Quando Djillali entrou, passei a sentir que, se eu retirasse algo do caixa para meu uso como pessoa física, estaria roubando a empresa. Esse sentimento me fez organizar a casa, o que gerou mais crescimento. Nosso lado deficitário, que era a visão de planejamento, de saber se podíamos ou não fazer determinado gasto, foi contornado. Já não podíamos mais tomar decisões no impulso.

Hoje, olhando em retrospecto, percebo que se Sauana e Rômulo eram meus familiares que se tornaram parceiros de negócio, Djillali era um parceiro de negócio que virou parte da família. Uma empresa de sucesso também necessita da criação de laços com pessoas nas quais podemos confiar e com quem podemos partilhar as inseguranças no momento em que elas surgem.

REDUZA A POSSIBILIDADE DE RECEBER RESPOSTAS NEGATIVAS

Um erro bastante comum de quem deseja abrir a própria empresa é idealizar um produto com base em pesquisas abstratas, para só então tentar validá-lo com seu público-alvo. Pode parecer algo simples escutar o que seu público deseja, mas muita gente não cumpre essa tarefa tão básica.

O mercado da beleza é formado por pessoas diferentes, obviamente, mas, no geral, há um conjunto de atributos que nos permite delinear um perfil desses profissionais. Nós buscamos entender a mentalidade deles. Ter um tipo-padrão não é exclusividade entre os cabeleireiros: se você observar quaisquer indivíduos de determinada profissão, verá que muitos deles têm a forma de pensar parecida.

Por trabalharem com beleza e bem-estar, os cabeleireiros e outros trabalhadores da área da estética geralmente buscam estar em um ambiente festivo, animado, que traduza o estado de espírito que desejam levar aos clientes. Falo disso em linhas gerais, claro, porque há muitos mais elementos a se considerar, mas o fato é que a leitura que fizemos desses profissionais, de seu perfil, e aprender a falar a mesma linguagem em termos de conhecimentos e técnicas nos ajudou a aprimorar a abordagem que fazíamos para promover e vender nossos produtos. Isso reduziu drasticamente a probabilidade de receber respostas negativas por parte deles. Buscamos sempre abordar os clientes nos salões para dinamizar as vendas.

Quando precisamos terceirizar os serviços, houve certa dificuldade em chegar aos salões. Isso foi sanado com a ajuda da tecnologia, visto que nossos argumentos não sofrem mais distorções. Ou seja, falamos diretamente com os cabeleireiros, e muitas vezes já iniciamos o discurso partindo de uma possível contra-argumentação que sabemos que receberíamos por parte deles. É uma maneira de cercar o campo para evitar receber "nãos". Sempre que possível, conheça bem seu público-alvo e cerque-se de argumentos para que sua venda seja garantida e não haja retrabalho.

AMPLIFIQUE A MENSAGEM SEM PREJUDICAR O CONTEÚDO

Por incrível que pareça, há pessoas que encaram alguns "males" advindos do crescimento da empresa como verdadeiros problemas. Como disse no início, éramos nós que abordávamos direta e pessoalmente os clientes, cercando-os para receber a menor quantidade possível de respostas negativas. Depois de algum tempo, não conseguíamos mais fazer as vendas *in loco*, por isso, repassamos a tarefa aos distribuidores, que, por melhores que fossem, às vezes não conseguiam realizar uma negociação ou outra por conta de distorções em nossa abordagem.

Em vez de considerar isso um obstáculo, novamente fomos obrigados a pensar em soluções e, assim, o que talvez fosse uma razão para nos desmotivar, se tornou um desafio. Então, pensamos em modos de ampliar o alcance do discurso, sem diminuir a eficácia.

Como passo inicial, contratamos nossa primeira técnica, Marineuma Viana, que nos ajudou a multiplicar o conhecimento, treinando nossos distribuidores, que eram a linha direta com os cabeleireiros, os multiplicadores da mensagem. Dentro de suas limitações, eles buscavam efetuar a tarefa do melhor modo possível.

UMA EMPRESA DE SUCESSO TAMBÉM NECESSITA DA CRIAÇÃO DE LAÇOS COM PESSOAS NAS QUAIS PODEMOS CONFIAR E COM QUEM PODEMOS PARTILHAR AS INSEGURANÇAS NO MOMENTO EM QUE ELAS SURGEM.

@JOHNATHANYBERA

INOVE PARA SER ÚNICO

Não posso seguir contando sobre a propagação de nossas mensagens aos distribuidores sem detalhar a relação da Ybera com a Marineuma. Ela era a técnica de um distribuidor nosso. Com a empresa crescendo e com a falta de tempo, Sauana e eu não tínhamos condições de fazer treinamentos sobre nossos produtos, então tivemos de encontrar alguém que nos substituísse à altura para essa função. Neuma, como é carinhosamente chamada, foi a primeira pessoa que trouxemos do distribuidor para fazer parte de nossa equipe para falar com perfeição de nossos produtos.

Ela foi a primeira dos técnicos, começou a viajar conosco para fazer eventos, e está no time até hoje. Todos a amam! Ela é a funcionária mais antiga da empresa e não para no Brasil, pois está sempre viajando pelo mundo para dar os treinamentos. Neuma é uma das pessoas de confiança que temos orgulho de que faça parte do time Ybera.

Voltando ao tema de nossa comunicação nos treinamentos, uma das melhores ideias que tivemos para solucionar o problema da abordagem foi juntar cabeleireiros por regiões e fazer pequenos eventos com centenas de profissionais reunidos. Sauana, Marineuma e eu chegamos a fazer pelo menos dois mil eventos presenciais, em todas as capitais do Brasil e em várias cidades do mundo.

Esses encontros eram muito especiais e as horas do dia passavam voando. A principal dúvida dos profissionais era, uma vez que nosso produto não continha formol, se ele realmente não trazia nenhum outro ingrediente que fizesse mal à saúde. Essa era a insegurança maior dos cabeleireiros quanto à nossa fórmula: se ela era realmente segura para os clientes. No palco, eu tentava convencê-los de que o produto não oferecia riscos à saúde, era feito de ingredientes naturais. Para arrematar, eu abria o pote, mergulhava o dedo lá dentro e, em seguida, o enfiava na boca, cheio de progressiva. Eles ficavam alucinados com minha ousadia. Apesar de o gosto não ser bom (brincadeiras performáticas à parte, não tente fazer isso em casa!), aqui estou eu, vivo, contando essa história para você, o que prova que nosso produto realmente não causa danos ao cabelo e muito menos à saúde como um todo.

Quando eu esclarecia dúvidas assim diante de um público grande, conseguia não só esclarecer muitas dúvidas ao mesmo tempo como também alavancar o efeito propagador sobre a qualidadede de nossos produtos, e eles se tornavam nossos multiplicadores mais importantes.

BUSQUE ENTENDER A LÓGICA DE FUNCIONAMENTO DO SEU NEGÓCIO

Trâmites legais e burocráticos são ótimos para dar uma canseira na gente. Funcionam também como um banho de água fria nos menos resilientes. Para não cair em ciladas administrativas, sempre busquei entender a lógica do nosso negócio, de forma integral, desde a parte fiscal até a legal.

Para não dizer que não houve erros ao longo do percurso, uma vez fui ludibriado por uma pessoa que fazia a contabilidade para nós, como comecei a contar lá atrás. Só fui perceber que havia algum erro no trabalho dela quando, ao analisar as contas, percebi que elas não faziam sentido. Nosso setor contábil era gerido por um senhor bastante apresentável. Confiei nele, que fazia promessas de otimizar nosso fluxo de caixa, até perceber que havia uma questão ilógica nos números: embora nossas vendas aumentassem, os impostos pagos por elas ficavam inalterados.

Quando algo assim acontece, é preciso ficar de olho aberto. Não existe milagre na gestão de contas. Se você está faturando mais e suas taxas permanecem inabaladas, há alguma coisa errada. Assim, desconfiado de que tinha mais detalhes naqueles números do que eu poderia entender, fui buscar uma segunda opinião. O outro contador, ao verificar os valores, identificou que seu colega de profissão não declarava os impostos como deveria. Quando descobri isso, corri atrás do prejuízo, mas esse erro me rendeu muitas dores de cabeça, para dizer o mínimo, e o fim da parceria com aquele profissional. Depois disso, organizei as contas, parcelei a dívida e virei conhecedor dos processos contábeis da minha empresa.

Há decisões que não são fáceis de serem tomadas, principalmente quando envolvem problemas de grande magnitude. Contudo, elas não podem ser um fator que o obrigue a desistir de seus sonhos. É preciso entender o que está acontecendo, respeitar seu *feeling* e pensar muito na decisão a ser tomada, no que é certo a fazer. Sempre que você entende todas as áreas de sua empresa, você pode atuar com mais seriedade e segurança. Não precisa entender no detalhe (nem é possível acumular tanta *expertise* assim), mas saber o funcionamento de forma mais geral faz a diferença. Conhecimento é poder.

SEJA UM LÍDER ACESSÍVEL

O crescimento do negócio muitas vezes obriga o empresário a estabelecer uma hierarquia entre os funcionários. Apesar de necessária, ela pode causar o distanciamento entre a gestão e os empregados como um todo, causando ruídos entre os diversos níveis hierárquicos.

No momento em que há um possível afastamento entre o presidente da empresa e os funcionários, muitos empreendedores se perdem. Passam a não ter controle dos processos internos e isso dificulta o crescimento. Não delegar tarefas também é problemático, porque ou as pessoas ficam sobrecarregadas e fazem tudo como dá, ou simplesmente não dão conta de tudo. Logo, a resiliência também encontra um equilíbrio na estruturação da

AS FERRAMENTAS PARA NUNCA DESISTIR

equipe, dos diversos níveis, e no delegar ou não tarefas, a fim de garantir a eficácia do negócio e não se frustrar por não controlar tudo diretamente.

Na Ybera, Sauana e eu buscamos delegar funções e tratar nossos funcionários da maneira mais harmônica possível. Jamais pensamos ser superiores a quem quer que seja, apesar de sermos os proprietários. Todos têm liberdade para entrar em nossa sala, assim como nós nos sentimos livres para entrar em qualquer lugar da empresa. Minha visão de administração é, como costumo dizer, gerir o negócio em X: nunca ficamos em um só lugar, sempre cruzamos nossas instalações de lado a lado. Estamos em movimento contínuo diariamente. Por exemplo, na primeira hora da manhã passo pela sala onde fica o pessoal da faxina, depois vou até a produção, então aos escritórios, faço o que apelidei de "meu *tour*" pela empresa. Os funcionários já ficam à espera desde cedo.

Quando faço isso, porém, não gosto que o colaborador pense que estou lá para fiscalizar o trabalho dele: tento deixar claro que estou presente para servir de conselheiro. Não vou para cobrar, mas para ajudar. Se ele tem alguma dificuldade em sua rotina, não é um problema dele apenas, e sim um problema nosso. Busco iniciar a conversa de um jeito informal, porque me interesso genuinamente pelo bem-estar dos colaboradores, para só então falar do trabalho e ver se necessitam de alguma ajuda. Fico feliz quando consigo auxiliar alguém, porque às vezes as pessoas estão tão imersas em seus problemas diários que não conseguem enxergar saídas para resolver questões simples – nisso também volto a mencionar a necessidade de conhecer, nem que seja minimamente, todos os processos do seu negócio.

Certa vez, estávamos esperando uma visita fiscal em nossas instalações, mas nosso estoque tinha uma quantidade de produto que não era nosso, e sim de outra empresa do grupo, que não seria fiscalizada naquela vistoria. O pessoal já estava se organizando para remanejar o estoque que não deveria estar ali, chamando um batalhão de gente, coordenando caminhões, mobilizando equipes, tudo para efetuar a mudança dos produtos para que o fiscal não encrencasse conosco por conta daqueles artigos. Fui até a mesa do administrador e busquei entender o que estava acontecendo. Ele me explicou que poderíamos levar uma multa por causa dos itens que estavam ali e que não eram da nossa empresa, mesmo com outro CNPJ do grupo. Então, fui ao cerne da questão, que era meramente burocrática, e sugeri a ele que conseguisse a emissão de uma nota de armazenagem, o que por si solucionaria o problema sem ter de fazer a mudança física na correria. Aquilo resolveu tudo e pôs fim ao alvoroço, deixando todos satisfeitos.

Para mim, a liderança passa pela habilidade de aconselhar, mas, para poder agir dessa maneira, é preciso ser acessível e ter uma visão de 360 graus do negócio. Você poderia me perguntar se tenho alguma formação no quesito liderança e eu lhe digo, sem titubear, que minha formação é a bíblica. Para mim, o maior exemplo de líder que existiu é Jesus Cristo. Não só como filho de Deus, mas como a pessoa que ele era, pelo modo como tratava todo mundo. Ele era acessível, articulado, comunicativo, então procuro seguir suas palavras e seu comportamento no dia a dia. Não sei se consigo, mas dou meu máximo para que isso aconteça.

Agora que já compartilhei minhas ferramentas para agir com resiliência nos negócios e não desistir facilmente diante das barreiras, vou contar a você, leitor, um pouco mais sobre outro recurso essencial que precisamos utilizar quando o assunto é empreender: a criatividade. É ela que faz seu cliente olhar sua marca com outros olhos. E foi ela, aliada ao caráter inovador de nossos produtos, que trouxe nossa marca até aqui. A seguir vou lhe contar as origens inspiradoras que nos fizeram chegar aos salões mais importantes do mundo. Aperte o cinto e venha comigo!

PARA MIM, A LIDERANÇA PASSA PELA HABILIDADE DE ACONSELHAR, MAS, PARA PODER AGIR DESSA MANEIRA, É PRECISO SER ACESSÍVEL E TER UMA VISÃO DE 360 GRAUS DO NEGÓCIO.

@JOHNATHANYBERA

CAPÍTULO 5

CRIATIVIDADE É ENXERGAR O QUE NINGUÉM MAIS ENXERGA

Como já comentei no início do livro, sempre demos prioridade às necessidades do mercado antes de iniciar a produção de qualquer coisa que pretendêssemos comercializar. Em vez de criar um produto e depois tentar vendê-lo, identificamos o que os cabeleireiros e os salões de beleza precisavam, e só então desenvolvemos produtos para preencher essas lacunas. Esse método nos permitiu apostar em produtos inovadores e únicos.

Estudar profundamente o mercado onde atuamos revelou-se crucial para o sucesso de nossas empresas. Compreender o público-alvo, identificar tendências e analisar a concorrência nos proporcionou uma base sólida para tomar decisões estratégicas ancoradas em informação. Para jovens empreendedores e influenciadores, é muito importante realizar pesquisas de mercado, estudar o comportamento de seu público e buscar *feedbacks* constantes. Precauções bem fundamentadas ajudam a minimizar os riscos e aprimorar as estratégias de negócios.

Aprimorar a sensibilidade para encontrar boas oportunidades exige estar altamente conectado ao mundo ao seu redor. Nossa capacidade de identificar oportunidades veio pela observação atenta, pela identificação de lacunas no mercado e pela escuta ativa dos clientes. É preciso também estar atualizado e por dentro das inovações, para encontrar oportunidades inexploradas, nas quais seja possível agregar valor e oferecer produtos únicos.

PENSE FORA DA CAIXA

Atualmente, no processo de criação de um produto, nós pensamos em várias frentes: além da escuta em relação às necessidades do mercado, levamos em consideração como nossas influenciadoras vão utilizar o cosmético e produzir vídeos e demais materiais publicitários para divulgá-lo, se o vídeo chamará a atenção do público, para só então desenvolver o item que será a estrela daquela chamada. Sempre pensamos na entrega de resultados do produto, se conseguiremos facilitar a vida dos cabeleireiros e das influenciadoras. Esse foi o caso, por exemplo, de nosso Creme de Quê?

O Creme de Quê? surgiu quando resolvemos investir na venda de produtos para o consumidor final. Sauana tinha acabado de ter nosso filho e não queria voltar a trabalhar com distribuidores, ela queria entender melhor como funcionava a venda pelos canais digitais. Então, um dia, navegando na internet, vi a propaganda de um evento que aconteceria em São Paulo – o Segredos da Audiência (SDA), uma série de conferências sobre tráfego e audiência on-line, um lugar em que as maiores referências do marketing digital se reuniriam. Sauana já estava na capital paulista, então comprei dois ingressos para acompanharmos o evento e apareci por lá de surpresa.

Em uma das palestras, uma influenciadora que trabalhava especificamente com a beleza dos cabelos subiu ao palco para mostrar os efeitos de um trabalho que ela vinha desenvolvendo com um fabricante de cosméticos, concorrente nosso. Ela fazia demonstrações dos produtos e a indicação dela gerava as vendas. Tive a ideia de contratá-la para fazer o mesmo com nossas linhas. Assim, fechamos uma parceria para a criação de alguns vídeos.

Essa parceria nos fez refletir sobre qual produto pediríamos para ela divulgar. Quando resolvemos vender pela internet, não queríamos usar os produtos que disponibilizávamos na venda para os salões. Nossa linguagem era toda direcionada para os cabeleireiros; logo, nos perguntamos qual seria nossa abordagem para vender ao consumidor final. Precisávamos de algo que chamasse a atenção no vídeo e que despertasse a curiosidade das seguidoras da influenciadora contratada.

APRIMORAR A SENSIBILIDADE PARA ENCONTRAR BOAS OPORTUNIDADES EXIGE ESTAR ALTAMENTE CONECTADO AO MUNDO AO SEU REDOR.

@JOHNATHANYBERA

Então, desenvolvemos nosso primeiro produto para as vendas on-line, um líquido que, ao ser misturado com qualquer alimento, transformava-se em creme de cabelo. Por exemplo, uma colher de mamão misturada com nosso produto virava um creme de mamão. A transformação acontecia na hora, sob o olhar atento de quem assistia ao vídeo da influenciadora. Em menos de 24 horas do lançamento, vendemos quase um milhão de reais. As blogueiras de beleza ficaram alucinadas e também queriam fazer o experimento. Hoje, o Creme de Quê? é um de nossos maiores *best-sellers*.

O Creme de Quê? é um líquido ativador de nutrientes. Nós o criamos para proporcionar o máximo de hidratação e restauração ao cabelo, dando a ele bastante brilho. E como ele funciona? Só é preciso misturá-lo com o alimento da preferência do consumidor, em partes iguais (50% da fórmula com 50% do alimento desejado), e deixá-lo agir no cabelo por 10 minutos, com o auxílio de uma touca, e depois enxaguar e finalizar o cabelo. Um procedimento simples, fácil de fazer, interessante de ver e que, ainda por cima, entrega um resultado extraordinário.

Como tudo o que idealizamos em nossas linhas de cosméticos, o Creme de Quê? traz uma tecnologia inovadora baseada na biomimética, levando as propriedades de qualquer alimento diretamente para o interior do fio capilar. Com sua ação lipossomada, ele transforma as moléculas dos alimentos em nanopartículas, fazendo que o córtex capilar possa absorver os nutrientes presentes nos alimentos. Com isso, ele possibilita a nutrição completa dos fios, proporcionando uma hidratação potente.

O grande diferencial do produto é que o Creme de Quê? traz praticamente uma hidratação de salão, mas para ser feita em casa. Tudo ao alcance das mãos dos consumidores. Por não ser uma máscara, e sim um líquido, ao ser misturado com os alimentos, ele se transforma em um creme bem homogêneo e de fácil aplicação;

e todas as pessoas que assistiram ao vídeo queriam ter a mesma experiência em casa. Assim, nossa ideia se transformou em um tremendo sucesso e refletiu nas inúmeras vendas do produto.

PENSE NO PRODUTO DE FORMA GLOBAL, DA PRODUÇÃO À VENDA E À UTILIZAÇÃO PELO CLIENTE

A experiência com o Creme de Quê? também nos fez analisar esse caráter da experiência da venda, de que é preciso pensar criativamente no produto para que ele seja atrativo e de fácil manuseio, não só por profissionais como também pelas pessoas em casa.

Hoje, realizamos um *checklist* antes de chegarmos à etapa de desenvolvimento de um produto: nós primeiro checamos a necessidade real daquele item, confirmamos se outras empresas já o disponibilizam, vemos se aquilo que idealizamos para suprir a demanda será aceitável e vendável, e só então, se o artigo cumprir todas as exigências estabelecidas, nós o produzimos, pensando também no diferencial que ele apresentará quando trabalhado de forma on-line pelas influenciadoras.

Com a tecnologia de hoje, conseguimos obter uma variedade de dados com pesquisas em âmbito mundial. Para entender do que as pessoas precisam para sua comodidade e seu bem-estar, vamos a feiras de cosméticos de todo o planeta, como as realizadas na Itália, na Turquia e em Hong-Kong, para citar somente algumas. Elas são uma excelente ferramenta para acompanhar tendências, lançar produtos inovadores e difundir a marca entre o público especializado e interessado no setor da beleza.

Hoje temos duas marcas principais: a profissional, pensada para o cabeleireiro e vendida nos salões; e o B2C (para o consumidor final), para ser usado em casa, divulgado pelas influenciadoras. Quando criamos um produto B2C, pensamos na necessidade do consumidor em sua casa, na praticidade de aplicação – ele precisa ser um produto aceitável, necessário, que o cliente consiga aplicar em casa, e que a influenciadora consiga destacá-lo nas redes sociais. Não pode ser um produto comum, que não tenha uma boa performance no vídeo, por exemplo. Ele precisa ter algum toque de originalidade, não pode ser como os itens usuais da cosmética. As pessoas precisam querer comprá-lo para vê-lo funcionar em suas casas do mesmo modo como a influenciadora apresenta nos vídeos.

NÃO SE PRENDA A LIMITAÇÕES

Um dos fatores essenciais para manter a criatividade em alta e não perder seu potencial inovador é não se prender às limitações. Nós somos os idealizadores dos produtos, mas obviamente trabalhamos com químicos excelentes. Você poderia me perguntar por que não deixamos a idealização dos produtos sob a responsabilidade de *experts* no assunto, e eu lhe esclareço o motivo. O fato de o profissional ser químico atrapalha seu potencial de criação. Quando ele cursa a faculdade de Química, geralmente aprende alguns princípios básicos, como óleo não se mistura com água. Isso já formata sua visão para que ele não se atreva a pensar em fórmulas que, em teoria, não funcionam. Quando não temos essa cartilha presente nos pensamentos, nós não nos tolhemos por conta desses princípios que, aparentemente, não vão dar certo.

Assim, Sauana e eu criamos os produtos, e os químicos entram em cena para juntar os ativos, checar o desempenho da fórmula, fazer todos os testes de eficácia e de durabilidade para entender qual é sua validade, determinar quais processos deverão estar envolvidos na elaboração do produto. É muito difícil que o químico queira se dedicar à experimentação criativa. Nossa vantagem é que não estamos limitados aos preceitos básicos de química e nos sentimos mais livres. É claro que também estamos bastante sujeitos ao erro, mas, felizmente, depois de algumas tentativas, acertamos. Sempre que viajamos em férias, por exemplo, temos ideias mirabolantes, voltamos com mil idealizações na cabeça.

Então, como nosso fluxo de criação é contrário ao da maioria das empresas (que idealizam os produtos com base no que é possível realizar e só então os testam com seus clientes em potencial), nós pensamos de frente para trás. Nosso processo criativo costuma ser assim: Sauana e eu elaboramos um *briefing* juntos, criamos todo o marketing do produto, e então Sauana corre atrás da elaboração do item. Sempre buscamos os ingredientes mais naturais e orgânicos possível, que não estejam presentes no mercado da beleza. Testamos matérias-primas que ainda não tenham sido exploradas pela indústria cosmética. Buscamos também ingredientes em outros segmentos, como o alimentício ou o estético, para incorporar aos nossos produtos. Isso acaba sendo uma grande novidade.

Aí está a essência de não buscarmos elementos que já estejam sendo utilizados: primar pelo ineditismo de encontrar, nessas matérias-primas, propriedades ainda não exploradas pela indústria cosmética, em busca de novos resultados.

Em nossos processos de criação de produtos, já estivemos na Amazônia algumas vezes. Visitamos chefes de tribos indígenas para entender o que as mulheres locais passavam nos cabelos para deixá-los com aquele brilho e textura. Em nossos produtos, utilizamos priprioca – um capim cheiroso exclusivo da região –, urumuru, carité e jambu – que alivia a dor. Com a utilização de ingredientes que eliminam a dor nos tratamentos de cabelo usuais, acabamos esbarrando em efeitos terapêuticos, que se tornaram um grande diferencial de nossa marca. Nossas invenções surgem das necessidades dos cabeleireiros e, portanto, não só de carências puramente estéticas.

É claro que às vezes também acontece de idealizarmos produtos tão vanguardistas que nosso público ainda não está preparado para recebê-los. Já pensamos, por exemplo, em menus customizáveis para a criação de cores de tintura, mas não conseguimos viabilizar por questões de custo elevado, falta de entendimento dos processos (que às vezes envolvem desafiadores conceitos de física) e, principalmente, falta de cultura do público-alvo, ou seja, as pessoas podem não entender como isso funcionaria porque está muito à frente do tempo delas, elas nem contemplam esse recurso em seus pensamentos.

AMPLIE SUA ÁREA DE ATUAÇÃO

Hoje, no grupo, trabalhamos não somente com cosmética, mas também com moda, nutrição, animais de estimação, sempre buscamos o mesmo conceito de sermos únicos no mercado. Nossa forma de atuar consiste em apurar tudo o que já existe no mercado, o que seria bom demais se existisse, e criar produtos com base nessas necessidades. Em todos os mercados, há lacunas a serem trabalhadas, artigos com os quais as pessoas sonham e ainda não foram realizados.

Atualmente, nosso carro-chefe é a indústria de produtos de beleza e para o cabelo, mas acabamos expandindo nossa atuação para outros setores porque nossas pesquisas nos levaram a isso. Quando pensamos em nutrição capilar, por exemplo, inevitavelmente acabamos pensando em alimentação.

O princípio do pensamento sobre o uso de elementos ativos da alimentação no bem-estar capilar, por exemplo, passa justamente por esse princípio de que, se precisamos nos alimentar bem para fortalecer o cabelo de dentro para fora, também precisamos nutri-lo de fora para dentro.

Para que você, leitor, possa entender o nível de nosso comprometimento com o bem-estar dos consumidores, chegamos a abrir o código do cabelo em nossas pesquisas, descobrir sua formulação química para entender sobre suas necessidades nutritivas.

Hoje, sabemos que o cabelo precisa reter água para que fique bonito e sedoso, com uma aparência jovial. Como o resto das células do corpo, o cabelo também envelhece. Se pensarmos em uma mulher que tenha fios de 40 centímetros de comprimento, na verdade eles têm quatro anos, que é o tempo que aquela fibra permaneceu na cabeça sob as mais variadas condições e intempéries. Ela toma banho, pega sol, nada em piscina com cloro, descolore, faz uma variedade de atividades e os cabelos estão lá, sujeitos a tudo isso.

Ao criarmos nossos produtos, buscamos fazer que o cabelo volte à sua forma original. Por isso, trabalhamos com várias matérias-primas que buscam trazer a composição inicial do cabelo, recuperar sua saúde original.

Então, no segmento de produtos para tratamento capilar, temos as marcas Ybera Paris, Fashion Gold, Black Diva (exclusiva para o tratamento de cabelos afro) e Terra Coco (que tem produtos mais naturais e veganos).

Já nossa linha Aquafit possui encapsulados que proporcionam emagrecimento, nutrição e energia. É uma linha voltada para a nutrição e a saúde. Na linha Aquafit, temos ainda a linha de moda *fitness* para academias.

Outro segmento é a linha Spa Pet, em que uma das principais estrelas é a primeira escova progressiva para cães. Há ainda a linha de temperos, criada em parceria com o chef Érick Jacquin. Esses são só alguns exemplos, pois temos toda uma amplitude de negócios. É importante diversificar nos ramos de atuação porque eles sempre dão origem a novas possibilidades, nos ajudam a descobrir novas oportunidades.

Independentemente do ramo em que você atua, é importante ter em mente que criatividade e inovação andam de mãos dadas. No entanto, é comum que uma marca considerada criativa não necessariamente seja inovadora. Desde o início, nós queríamos ser as duas coisas.

No próximo capítulo, eu explico a você como conseguimos acrescentar inovação ao nosso perfil criativo. Pronto para mais histórias? Então, vem comigo!

INDEPENDENTEMENTE DO RAMO EM QUE VOCÊ ATUA, É IMPORTANTE TER EM MENTE QUE CRIATIVIDADE E INOVAÇÃO ANDAM DE MÃOS DADAS.

@JOHNATHANYBERA

CAPÍTULO 6

A INOVAÇÃO COMO FORMA DE SER ÚNICO

Em vez de copiar, a chave para inovar é cultivar uma mentalidade aberta e criativa. Observamos a concorrência, mas jamais copiamos produtos existentes. Nossa ênfase sempre foi no desenvolvimento de nossa própria marca, adicionando um toque único aos produtos e serviços que oferecíamos. Escutar nossos clientes e estar atentos às suas necessidades foi um pilar importante para identificar oportunidades de inovação. Além disso, nossa disposição para experimentar, arriscar e aprender com os erros impulsionou nossa capacidade de inovação ao longo da jornada empresarial.

Assim, no coração da minha abordagem de negócios está a inovação. Estabelecemos uma regra imutável na empresa de nunca copiar um produto existente, mesmo que fosse bem-sucedido no mercado. Na época em que os tratamentos à base de óleo de argan estavam em voga e todas as empresas lançavam produtos similares, optamos por um caminho diferente. Decidimos buscar um novo óleo que ninguém estava explorando até então: o óleo de mirra.

A mirra tem propriedades cicatrizantes, que ajudam a restabelecer o pH do cabelo, o que a torna uma inovação muito melhor que o óleo de argan. Apesar de a produção do óleo de mirra ser um caminho mais difícil e arriscado, a decisão valeu a pena. O produto, lançado há mais de dez anos, ainda é um sucesso, e ajudou a cimentar nossa reputação como uma marca inovadora. O desafio de criar um "produto unicórnio" – um produto raro que preenche a necessidade do mercado – trouxe muitos benefícios, pois proporcionou um sucesso sem comparação e um destaque único para nossa marca.

Assim como no caso do óleo de mirra, todos os nossos produtos são pensados e desenvolvidos para serem especiais e únicos, com matérias-primas originais, que não foram exploradas pelas demais empresas do mercado. Trago a seguir alguns exemplos do nosso portfólio de produtos, que ilustram bem nosso espírito inovador.

A INVENÇÃO DA ESCOVA PROGRESSIVA CHOCOLIZZI

O ano era 2005 e nossa empresa estava crescendo com um produto inovador que desenvolvemos e sobre o qual já comentei no início do livro: a henna para sobrancelhas. Esse produto oferecia um efeito de tatuagem natural, pigmentando a pele e os pelos brancos para criar uma sobrancelha completa, sem falhas. Percorremos todo o Brasil visitando salões de beleza, oferecendo treinamentos e ensinando os cabeleireiros a trabalhar com nossa inovação.

Em uma dessas viagens, visitamos um pequeno salão no interior de Minas Gerais. Nesse salão, os cabeleireiros estavam realizando um procedimento popular no Brasil naquela época, a escova progressiva. No entanto, ao contrário de outros salões que usavam formol, esse salão estava fazendo algo diferente: uma fórmula natural à base de ácidos de frutas que alisava o cabelo na primeira aplicação.

Intrigados com essa técnica, decidimos fazer um teste para comercializar esse produto como uma solução industrializada, mesmo que ainda não tivéssemos uma fábrica e a produção fosse em casa. Mal sabíamos que estávamos prestes a causar uma revolução na indústria da cosmetologia.

Até então, os cabelos eram alisados com produtos alcalinos, que podiam danificar os fios e até levar à queda do cabelo. Essa nova fórmula que descobrimos permitia alisar o cabelo sem risco para a saúde ou para a fibra capilar.

No entanto, sentíamos que precisava de algo a mais para criar uma tendência no Brasil. Pesquisando as tendências daquela época, decidimos incorporar o aroma de chocolate e a manteiga de cacau à fórmula. A manteiga de cacau tem ação antioxidante, pois combate os radicais livres, substâncias que causam o envelhecimento precoce das células. Ela é uma excelente aliada para evitar ressecamentos. O resultado desse experimento foi a Chocolizzi, a primeira escova progressiva sem formol e à base de chocolate do Brasil.

ESCUTAR NOSSOS CLIENTES E ESTAR ATENTOS ÀS SUAS NECESSIDADES FOI UM PILAR IMPORTANTE PARA IDENTIFICAR OPORTUNIDADES DE INOVAÇÃO.

@JOHNATHANYBERA

Esse produto foi nosso primeiro grande sucesso. Deixamos de ser uma empresa amadora, produzindo produtos em casa, para ter uma pequena indústria com cerca de 35 funcionários e clientes em mais de uma dezena de estados do Brasil. Essa ideia revolucionária se tornou a base de nossa empresa e, até hoje, somos detentores dessa fórmula perfeita para alisar o cabelo.

Embora o conceito inicial da fórmula sem formol tenha surgido de uma cabeleireira em Minas Gerais, a adição do chocolate à mistura foi fruto de nossa própria inovação. Observando as tendências da indústria e desejando trazer algo novo ao mercado, iniciamos um processo de pesquisa e desenvolvimento para aprimorar a fórmula.

Com base na popularidade do chocolate e em suas propriedades conhecidas de hidratação e nutrição, decidimos incorporá-lo à fórmula. Entretanto, adicionar chocolate a um produto capilar não era tão simples quanto parecia. Tivemos de considerar vários fatores, por exemplo: a maneira de infundir o chocolate na fórmula, o método para preservar a consistência e a eficácia do produto e o procedimento para garantir que o aroma do chocolate fosse agradável e natural.

Depois de muita experimentação e de muitos ajustes, conseguimos uma combinação que incluía o óleo e a manteiga de cacau. A manteiga de cacau é rica em ácidos graxos, o que a torna um excelente hidratante e nutritivo para o cabelo. Além disso, a adição do óleo de cacau trouxe um aroma de chocolate sutil e adocicado ao produto, criando uma experiência agradável aos usuários.

Nomeamos nosso novo produto de Chocolizzi e, em pouco tempo, ele se tornou um sucesso de vendas. A Chocolizzi não só alisava o cabelo de maneira eficaz mas também nutria e hidratava os fios, deixando-os macios, perfumados e com brilho.

A INOVAÇÃO COMO FORMA DE SER ÚNICO

Essa inovação catapultou nossa pequena empresa caseira para o centro das atenções na indústria da beleza brasileira. A combinação da escova progressiva sem formol com o delicioso aroma do chocolate provou ser uma ideia vencedora, estabelecendo nossa reputação como uma empresa inovadora no campo dos cosméticos.

O SORO VITAL VELLO

O bem-estar não foi nosso norte somente na busca por uma alternativa aos malefícios causados pelo uso de formol. Ao embarcar na pesquisa de um produto inovador que estimulasse o desenvolvimento do cabelo, inspiramo-nos na velocidade assombrosa de crescimento do cabelo de um bebê. Depois de muito investigar, chegamos à conclusão de que a resposta estava no leite materno, que contém um hormônio crucial para desencadear o crescimento do cabelo.

De acordo com várias pesquisas, o leite materno desempenha um papel significativo no crescimento capilar. Esse conhecimento tornou-se a pedra angular do nosso projeto, e assim embarcamos na tarefa desafiadora de replicar o leite materno em formato de cosmético.

Nosso laboratório assumiu a tarefa e, após inúmeras horas de pesquisa e experimentação, nasceu o soro Vital Vello – um tônico que traz um agrupamento de ativos estimulantes biomiméticos do leite materno, feito especificamente para estimular o crescimento capilar.

Os resultados foram impressionantes. Assim que os clientes começaram a utilizá-lo, não tardaram a surgir os depoimentos na internet relatando os vários benefícios do produto. Esses testemunhos reais de clientes confirmaram que tínhamos criado algo verdadeiramente especial.

O soro Vital Vello tornou-se um produto reconhecido em todos os países nos quais atuamos e um grande sucesso. A criação do produto não só solidificou nosso lugar como inovadores no campo da cosmetologia como também nos permitiu ajudar pessoas em todo o mundo a aumentar sua confiança e autoestima, com cabelos mais longos e saudáveis.

O SURGIMENTO DA LINHA GENOMA

A inspiração para criarmos a linha Genoma veio do reconhecimento de um desafio complexo: entender e saber tratar a diversidade dos cabelos das mulheres. Cada cabelo é único e possui necessidades diferentes, que normalmente seriam impossíveis de serem atendidas com um único produto. A produção de tratamentos cosméticos personalizados para cada mulher, considerando suas necessidades capilares individuais, parecia um sonho inalcançável.

Contudo, percebemos que, embora cada cabelo seja único, todos compartilham uma composição básica semelhante. Isso nos levou a um avanço conceitual: se tivéssemos como recriar a fibra capilar em forma líquida, talvez pudéssemos criar um tratamento capilar que se adaptasse às necessidades de cada cabelo.

Então, nosso time de pesquisa e desenvolvimento buscou no mercado por ativos que pudessem replicar a composição do cabelo. Com isso, conseguimos criar uma "fórmula líquida" que mimetizava a fibra capilar. Essa formulação tinha a habilidade única de penetrar na fibra e repor exatamente o que ela precisava, agindo de maneira seletiva de acordo com as necessidades específicas de cada cabelo.

Esse processo, que chamamos de "transfusão de córtex", baseava-se na aplicação direta da fórmula líquida nos fios. O produto, por ser essencialmente uma versão líquida do cabelo, permitia que a fibra capilar absorvesse somente os ativos de que precisava.

Nomeamos esse inovador tratamento capilar de Genoma, fazendo uma analogia à adaptabilidade da fórmula às característias genéticas individuais dos diferentes tipos de cabelo. Hoje, o Genoma é reconhecido como um marco significativo no tratamento capilar, proporcionando um cuidado personalizado aos mais variados tipos de cabelo que existem.

A revolução trazida pelo Genoma é que agora é possível fornecer um tratamento capilar único e personalizado, restaurando as propriedades naturais do cabelo de cada mulher. Graças a esse avanço, somos capazes de oferecer um tratamento que considera a individualidade dos cabelos, proporcionando cuidados personalizados.

INOVAÇÃO EM SEGMENTOS DIFERENTES

Estamos continuamente no processo de criação de itens em segmentos diferentes, pertencentes a novas marcas, não só na área da cosmética. Tudo o que entendemos como criatividade e inovação vive se modificando, porque usamos a mesma técnica para esses variados processos de criação, ou seja, não fazer produtos iguais a todo mundo, a tudo o que está disponível no mercado.

Quando partimos para a experimentação na área de vestuário *fitness*, por exemplo, por meio de nossa marca Aquafit, perguntamo-nos o que poderia nos diferenciar de todas as ofertas existentes no mercado. Seríamos diferentes em termos de cor? Em matéria de design? Tudo isso passava por nossa cabeça, mas acreditamos em nosso potencial de inovar na tecnologia.

Então, encomendamos a produção de um tecido que utiliza radiação infravermelha, que acelera o metabolismo. Nós o embutimos nas regiões das roupas em que a pessoa precisa perder gordura. Assim, quando o cliente usa uma roupa *fitness* qualquer para ir malhar, ele tem uma sensação de calor comum; porém, quando ele usa a roupa da Aquafit, ele transpira mais e sente muito mais calor, porque nosso vestuário vai proporcionar isso. Nós buscamos algo inovador para potencializar o efeito emagrecedor na roupa, é um artigo com um diferencial que nenhuma outra marca oferece.

No caso de nossa linha pet, criamos uma linha de perfumaria que oferece uma essência similar às dos melhores perfumes do mundo, disponível tanto para o animal de estimação quanto para seu tutor. Ao todo, são seis fragrâncias com nomes criativos. O fato de o tutor e o animalzinho exalarem o mesmo perfume tornou o laço afetivo entre eles ainda mais forte, e nossos clientes aderiram de imediato à ideia.

Todas as inovações que proporcionamos aos mais variados segmentos fizeram nosso negócio crescer e tomar corpo. No entanto, crescer também traz males que precisam ser sanados. Como venho dizendo desde o início, sempre vimos esses males como oportunidades de novos negócios.

No capítulo a seguir, conto mais detalhes do processo de crescimento do grupo e como minhas dicas também podem ajudar você a expandir suas atividades. Vamos nessa!

TODAS AS INOVAÇÕES QUE PROPORCIONAMOS AOS MAIS VARIADOS SEGMENTOS FIZERAM NOSSO NEGÓCIO CRESCER E TOMAR CORPO. NO ENTANTO, CRESCER TAMBÉM TRAZ MALES QUE PRECISAM SER SANADOS.

@JOHNATHAYBERA

CAPÍTULO 7

DO ESPÍRITO SANTO PARA O MUNDO

Depois de anos trilhando caminhos, acertando e errando em nosso negócio, retrocedendo quando necessário, criando produtos inovadores e marcas que facilitam a vida dos consumidores, hoje Sauana e eu podemos dizer que nosso crescimento se deu com base na busca do equilíbrio, no olhar atento às oportunidades e na vontade de fazer a empresa se desenvolver de forma sustentável. A sustentabilidade nem sempre esteve próxima, mas com ajustes aqui e ali conseguimos chegar ao patamar em que estamos.

Neste capítulo, compartilho com você, leitor, como fizemos para escalonar o crescimento de nosso grupo e quais aprendizados tiramos dessa jornada.

EQUILIBRE OS PRATOS

Abrir uma empresa é difícil, mas mantê-la aberta e crescendo de forma sustentável é ainda mais desafiador. Hoje eu diria que uma das maiores lições aprendidas ao longo de nossa trajetória é a de que é preciso ter sempre um olhar atento aos painéis da empresa.

É necessário entender de números, procurar melhorar constantemente a qualidade de todos os setores, porque quando uma empresa começa a crescer, ela também começa a ficar deficiente em vários pontos, e isso requer que se equalize os diversos departamentos para não desfalcar nenhum deles.

Às vezes investimos no marketing e ele cresce, mas as vendas não acompanham; ou então aumentam as vendas, mas o financeiro não dá conta de lidar com a contabilidade; ou o financeiro consegue crescer, mas a logística não entrega os produtos a contento, e aí você trava. Então, é preciso ficar atento às várias frentes conjuntamente, como se fosse um equilibrista que não pode deixar nenhum prato cair.

INVISTA NO QUE ESTÁ DANDO CERTO

O equilíbrio dos pratos passa também pela observação atenta dos resultados de seu negócio. Em nosso grupo, sempre analisamos cada segmento e verificamos qual não está funcionando bem, pois assim vamos alternando o foco. É uma função similar à do maestro, que vai regendo toda a orquestra e dando *feedbacks* aos músicos que, em um momento ou outro, destoam do conjunto.

No Ybera, temos o pensamento de núcleos. Sempre que uma empresa está se desenvolvendo bem, todo o investimento é feito nela mesma. Já quando alguma delas não vai tão bem, acabamos suprimindo a empresa. Já tivemos de excluir linhas de produtos inteiras que não deram certo.

De cada 100 produtos que criamos, apenas 10 realmente vingam. O ideal é errar dentro de casa, em um ambiente controlado, e não quando o produto já está na rua. Quando você lança errado, precisa arcar com as consequências daquele engano.

A IMPORTÂNCIA DA FORMAÇÃO DO PREÇO

Quando determinamos o preço de um item, não podemos só pensar nos custos que temos e na margem de lucro, e sim em quanto o cabeleireiro pagaria por aquele produto, dependendo da quantidade de vezes que o utilizará para aplicar no cliente final, e também em quanto o consumidor final pagaria por aquele artigo.

Então, são algumas variáveis que precisam ser levadas em consideração. É preciso pensar no preço de frente para trás. Acertar o valor de venda é o que determinará quanto aquele artigo fará sucesso.

Já chegamos a acertar o preço na formulação de determinado item e incorporá-lo em uma linha *premium*, e no final descobrimos que ele estava com o preço errado. Nós o vendíamos bastante, mas, para cada unidade vendida, tínhamos uma perda de 20% de seu valor. Quando reajustamos o preço para ter lucro, as vendas caíram drasticamente. Ainda assim, é sempre melhor vender menos e não ter perdas do que vender grandes quantidades e ter prejuízo.

A questão da formação de preço é tão determinante para o sucesso ou o fracasso de um negócio, que alguns empresários têm recorrido à inteligência artificial (AI) para analisar uma quantidade grande de dados e chegar ao preço mais razoável para seus produtos.[8] São muitas as variáveis para se chegar ao preço mais adequado, e às vezes é preciso colocar a tecnologia à serviço do estabelecimento de um preço ideal.

Já falei no capítulo 5 que a criatividade é extremamente importante para nosso negócio, mas preciso ressaltar aqui que o lado criativo tem de estar em equilíbrio com os valores gerados pelas vendas. Desse modo, mesmo itens que têm bastante aceitação e saída entre os clientes, em alguns casos, acabam sendo descontinuados porque dão prejuízo. O fundamental é sempre obter resultados.

O fator preço também é determinante quando o assunto é exportar. Todo produto que vai para fora está embutido de diversos outros valores ao chegar ao cliente final. Tem o frete, as taxas de importação etc. Se vendemos muito caro para os clientes, o artigo fica inviável.

Ao exportar, as empresas brasileiras não pagam impostos. Por isso, é importante vender para os clientes estrangeiros com um valor

---

8 Saiba mais em: http://tecmundo.com.br/mercado/254224-inteligencia-artificial-determina-precos-voce-compra.htm. Acesso em: 28 ago. 2023.

mais em conta, para que eles possam ter lucro e o cliente possa pagar por aquele produto.

Pode parecer óbvio, mas levou tempo para nós percebermos essa relação. Portanto, a formação de preço é determinante para o sucesso – ou o fracasso – do negócio também no quesito exportação, do qual falarei a seguir.

YBERA PARIS PELO MUNDO

No caminho do estabelecimento de nossa empresa no mercado brasileiro, tivemos a oportunidade de chegar a outros países. Como já disse e repito aqui uma vez mais, nada em nossa trajetória foi planejado, mas estávamos atentos para transformar qualquer dificuldade em oportunidade. O mesmo aconteceu com a necessidade de ir para o mercado internacional.

Há empresários que acreditam que, no processo de internacionalização, é preciso se estabelecer primeiro em seu país de origem, para depois vender para o exterior, pois o Brasil é um continente. Essa é uma visão estratégica e eu a respeito. No entanto, a nossa foi a de atender às diferentes demandas que surgiram: onde havia pessoas querendo nossos produtos, buscamos oportunidades para introduzi-los naqueles mercados. Assim, dividimos nossa força para atendê-las.

O empreendedor não pode – ou, pelo menos, não deveria – deixar de aproveitar as oportunidades por conta de um ideal. Em certos momentos tive problemas com as vendas no Brasil e foram os números do exterior que seguraram as pontas. Então, sou a favor de crescer internacionalmente, porque isso pode blindá-lo contra as instabilidades locais, quando se consegue fazer bons negócios com moeda estrangeira.

De qualquer forma, caso você queira atuar intencionalmente em algum país estrangeiro, as feiras são sempre um bom caminho para dar início a esse processo. Por exemplo, se quiséssemos expandir nossos negócios mais fortemente nos países árabes, há uma feira famosa na Turquia da qual já participamos; nossa vontade era trabalhar com todas as nações ao redor, e estar no evento foi uma boa jogada.

As feiras são ferramentas importantes para divulgar nossas linhas, para mostrar toda a inovação que somos capazes de proporcionar ao mercado da beleza. Na maioria dos setores, há feiras relevantes, só é preciso identificar as que podem ajudar você em seu mercado.

Além disso, é preciso atuar com um trabalho bem-feito, porque não só a qualidade gera o efeito boca a boca, mas sobretudo o problema que você, infelizmente, pode trazer. Portanto, se você não trabalhar direito, ficará conhecido pela má atuação e perderá vendas.

Busque parceiros sérios, que trabalhem bem. Às vezes, são os próprios distribuidores locais que convidam você a participar dos eventos e arcam com os custos. Isso aconteceu conosco muitas vezes, e nós íamos para apoiá-los.

A ADAPTAÇÃO RUMO AO MERCADO INTERNACIONAL

Assim como a participação em feiras importantes, a internacionalização de nossa empresa trouxe consigo novos desafios e aprendizados. Precisamos nos familiarizar com regulamentações e normas específicas de cada país, bem como entender as particularidades culturais e os diferentes padrões de consumo. Essa jornada nos levou a aprimorar nossa capacidade de inovação, buscando sempre atender às necessidades e preferências de um público bastante diversificado.

É preciso ter flexibilidade para exportar e fazer transações com outros países. Nosso contato inaugural com o mundo árabe, por exemplo, foi quando Djillali veio ao Brasil pela primeira vez. Ele estava acompanhado de um segurança e de sua esposa, que estava toda coberta e com um véu na cabeça, o que para nós foi um pouco chocante. Não sabíamos nem como cumprimentá-los, se dávamos um aperto de mão, se as mulheres se beijavam no rosto, enfim, foi uma experiência completamente nova para nós. Ao longo das vivências, fomos aprendendo a cultura de cada país, nos adaptando e adequando nossos produtos a elas.

Havia artigos em nossas linhas que não eram consumidos por muçulmanos. Por exemplo, eles não usam nada de origem animal que não tenha certificação *halal*. "E o que vem a ser *halal*?", você pode me perguntar. *Halal* é o termo que se refere aos comportamentos, à forma de se vestir e de se expressar, e aos alimentos que são permitidos no islamismo.

No nosso caso, de produção de itens de cosmética e alimentos, ele está ligado ao modo de matar o animal. Falando de forma geral, se eles vão consumir uma carne, por exemplo, ao ser abatido, o animal precisa estar com a cabeça virada para Meca (a cidade sagrada deles), ouvir uma oração antes de ser sacrificado, e seu sacrifício deve ser feito por um corte certeiro na região do pescoço, para que ele não sinta dor.

Há proteínas animais, que usamos na composição de alguns de nossos produtos, as quais fazemos questão que tenham certificação *halal* ou que tenham origem vegetal, em respeito aos consumidores muçulmanos, para que suas condições de fabricação atendam ao mercado deles.

Nos grandes eventos que realizamos, a carne também é *halal*, tudo em respeito ao islamismo. Essas coisas fomos aprendendo no convívio com eles, com sua cultura. Quando temos eventos em que estarão presentes parceiros e clientes judeus, oferecemos alimentos *kosher* – certificação sobre o tipo de abate do animal, sem sofrimento. Os muçulmanos podem comer comida *kosher*, mas os judeus não podem se alimentar com carne *halal*, por uma questão de quais partes dos animais podem ou não ser consumidas, de acordo com cada cultura.

Quando começamos a exportar, nunca havíamos viajado para fora do Brasil. Nossa primeira viagem internacional foi para a Inglaterra, para visitar um distribuidor local e fazer nosso primeiro lançamento de produto em terras estrangeiras. Chegamos, subimos no palco e realizamos nossa primeira apresentação no exterior, com o lugar lotado de cabeleireiros ingleses, e falávamos muito mal o idioma (é o que eu sempre digo: quando a oportunidade surgir, vá com medo, mas vá!).

Falo de tudo isso para mostrar a você, leitor, que não é preciso nenhum conhecimento técnico prévio para exportar. Nós fomos aprendendo ao longo do caminho com a experiência e conversando com pessoas que entendiam do assunto.

Depois daquela primeira viagem à Inglaterra, fomos ao México, à Guatemala e à Venezuela, que tinha uma condição econômica muito boa na época do então presidente Hugo Chávez.

O caso da Venezuela vale um detalhamento maior, que compartilho aqui. Foi, mais uma vez, um problema que se transformou em oportunidade, e o empreendedor precisa ter mente aberta para captar esses momentos e obter o melhor deles.

Como comentei no capítulo 2, quando falei de nossa primeira participação na feira Hair Brasil, os venezuelanos realizaram um trabalho extraordinário, eram um de nossos melhores distribuidores fora do país. Graças a sua excelente distribuição, eles transformaram a Ybera na marca número um dos salões de lá.

Com a morte de Hugo Chávez e a ascensão de Nicolás Maduro ao poder, a economia venezuelana entrou em crise. A elite local, consumidora de nossos produtos, saiu do país e se espalhou pelo mundo. Quando chegavam aos salões dos países nos quais foram morar, eles procuravam por nossa marca, mas não a encontravam. Então, resolveram eles mesmos serem nossos distribuidores, e isso nos ajudou a expandir ainda mais o alcance da Ybera mundo afora. O que tinha tudo para ser um obstáculo se transformou em uma grande oportunidade.

A CONFIANÇA É A BASE DE TUDO

Nossa relação com os distribuidores internacionais é de muita confiança, chego a dizer que é uma relação de família mesmo. Eles atribuem a mim uma figura de pai: sempre que nos encontramos, eles me abraçam, me carregam no colo. Eu digo que, se isso acontece, é porque são relações duradouras, construídas ao longo de anos. Quando você estabelece um sistema que faz você confiar na pessoa que está do outro lado, não há distância, é como se ela estivesse aqui no Brasil.

Já houve ocasiões em que um distribuidor me ligou para relatar um problema sério em seus negócios, em que ele não tinha capital para adquirir meus produtos para revender, e eu forneci a encomenda gratuitamente para ele, sabendo ele que pagaria por ela assim que a revendesse. Essas pessoas que já me pediram ajuda se reergueram e hoje, felizmente, são potências.

O que faz essas coisas acontecerem é a relação de confiança, construída e estabelecida. As barreiras das culturas e línguas diferentes não podem barrar o estabelecimento da confiança entre as partes. Hoje, essa é a base do nosso negócio internacional e temos orgulho disso.

ESSA JORNADA NOS LEVOU A APRIMORAR NOSSA CAPACIDADE DE INOVAÇÃO, BUSCANDO SEMPRE ATENDER ÀS NECESSIDADES E PREFERÊNCIAS DE UM PÚBLICO BASTANTE DIVERSIFICADO.

@JOHNATHANYBERA

CAPÍTULO 8

DOS DISTRIBUIDORES FÍSICOS PARA O AMBIENTE DIGITAL

Quando nossas linhas de cosméticos já estavam suficientemente amadurecidas e funcionando bem, tivemos a ideia de escoar os produtos de forma direta, sem distribuidores. Para isso, pensamos em criar uma esteira de vendas on-line.

Nós olhávamos o mercado e percebíamos que o advento da internet estava mudando drasticamente a forma como os produtos eram vendidos. O modelo tradicional de vendas, que envolvia fabricantes, distribuidores, técnicos e profissionais de beleza, estava se tornando obsoleto. Em particular, a margem de lucro que os distribuidores obtinham era um problema – eles compravam produtos por determinado valor e os vendiam por três vezes aquele valor. De certa forma, aquilo inibia nossas vendas.

Com o surgimento do comércio on-line e dos *marketplaces*, os distribuidores começaram a vender produtos pela rede, reduzindo os preços. Essa mudança desafiou o sistema de exclusividade que anteriormente permitia a um distribuidor ser o único vendedor de um produto em determinada região.

Assim, como expliquei no capítulo 5, nós começamos a investir mais em produtos que performassem na internet, como foi o caso do Creme de Quê?, uma substância revolucionária que podia transformar qualquer alimento em uma máscara capilar, e decidimos lançá-la por intermédio dos influenciadores digitais. O sucesso inicial foi incrível, a primeira influenciadora gerou quase 1 milhão de reais em vendas em menos de 24 horas, com um custo baixíssimo para a parceria.

Como aquela primeira jogada tinha dado certo, pensamos em chamar outra influenciadora, que nos cobrou mais e, no fim, não gerou tanta repercussão quanto a primeira. Apesar disso, notamos que tudo o que era colocado nas mãos dos influenciadores digitais vendia.

Pensando pelo lado da empresa, aquela discrepância entre o investimento e o retorno, dependendo do influenciador em questão, nos deixou encucados. Vimos que o tamanho da projeção do influenciador não garantia necessariamente vendas proporcionais.

Pensando pelo lado dos influenciadores, a crescente influência deles nos fez perceber que era fundamental que eles encontrassem um equilíbrio entre promover os produtos de que gostavam, que tinham apelo com seu público, e ter ganhos financeiros com essa atividade.

VENDENDO POR MEIO DOS INFLUENCIADORES

Então, nossas preocupações começaram. A primeira delas era a necessidade de fornecer assunto aos influenciadores para que eles pudessem trabalhar nas redes e vender nossos produtos. Daí foram surgindo as novas marcas que criamos, para que o influenciador não falasse exclusivamente da Ybera e não cansasse seus seguidores.

A segunda era fornecer uma remuneração adequada a esses influenciadores. Pensamos em trabalhar com comissão, como fazíamos com nossos vendedores: para cada venda realizada pelos influenciadores, uma porcentagem do valor recebido era deles.

No entanto, quando fazíamos a proposta, eles riam da nossa ideia, porque para eles não havia maneira de mensurar isso, não era algo passível de ser controlado. Eles também não acreditavam que lhe enviaríamos um relatório com os números certos, visto que, em teoria, poderíamos distorcer os valores e pagar menos. Então, ficou no ar esse questionamento.

BUSQUE UM SISTEMA DE VENDAS INOVADOR

Já falei a você que minha vida é pensar em soluções. Minha cabeça ficou dando voltas em torno desses problemas, em como

DOS DISTRIBUIDORES FÍSICOS PARA O AMBIENTE DIGITAL

administrar os influenciadores de acordo com seus diferentes potenciais de venda e como demonstrar essas vendas e passar segurança aos influenciadores. Foi aí que me ocorreu a ideia de criar um sistema que oferecesse comissões e fosse transparente.

A saída foi desenvolver uma tecnologia que permitia aos influenciadores consultarem suas vendas e comissões em tempo real, trazendo a transparência e a confiança que eles pediam ao processo.

Além do mais, era preciso que esse sistema fosse fácil de acompanhar via aplicativo, no celular. Ou seja, uma ferramenta auditável de fato, que, caso uma influenciadora pedisse à tia dela de Belém do Pará que fizesse uma compra, por exemplo, sua venda ficasse registrada em algum lugar de fácil acesso, que ela pudesse consultar a qualquer momento. Nossa ideia original era essa.

Outra preocupação que tivemos era tornar nosso sistema diferente dos demais. Em vez de seguir o mesmo caminho de muitas empresas, simplesmente vendendo pela internet, decidimos inovar e criar um modelo de comercialização totalmente original. Assim, em 2018, resolvemos explorar o marketing de rede, uma forma de vendas on-line que remove a necessidade de intermediários e se apoia basicamente no poder de venda dos influenciadores e em sua capacidade de chamar mais pessoas para o negócio.

Mais uma vez, eu precisava de profissionais especializados que pudessem atender às minhas necessidades para criar essa plataforma. Uma das pessoas que havia se sentado ao meu lado durante aquele evento do qual falei anteriormente, o SDA, foi um programador de Brasília, com quem eu tinha trocado cartão de visita. Liguei para ele, que me afirmou que conseguiria fazer algo como eu queria.

Minha ideia era nos tornarmos sócios: ele faria a plataforma e arcaria com os custos, e, quando tudo estivesse em ordem para funcionar, eu abordaria os influenciadores. Assim fizemos. Quando o sistema estava pronto, comecei a abordar pessoalmente as influenciadoras selecionadas. No início, foram dez. Eu as treinei e de cara o sistema começou a render.

Então, Djillali e eu fomos a uma reunião nos Estados Unidos com um distribuidor local. Quando contamos a ele a ideia do sistema, ele disse que aquilo tinha um potencial enorme e me pediu para ser nosso sócio. O programador concordou, e dividimos a sociedade em quatro partes: eu, Djillali, o programador e o distribuidor estadunidense.

No entanto, tivemos problemas quando o programador e o distribuidor resolveram nos excluir, a mim e ao Djillali, da sociedade, alegando que não havíamos participado de toda a elaboração do sistema. De fato, não tínhamos conseguido acompanhar tão de perto a evolução do projeto. Contudo, o maior absurdo era que a ideia era nossa, então como podiam tentar nos excluir? Depois de um processo jurídico muito custoso para nós, resolvemos abandonar a sociedade com o programador de Brasília e o distribuidor estadunidense.

Aquilo foi um baque de verdade. Eu estava tão cansado de lutar pela empresa, que nessa hora Romulo se mostrou o grande parceiro que é e resolveu assumir o controle da situação. Sua energia, de alguém que estava começando a tomar as rédeas do negócio, fez um bem enorme para o grupo, nos deu novo fôlego.

Esse foi um momento fundamental, porque, ao assumir a construção da nova plataforma, Romulo também virou nosso sócio, ele deixou de ser um funcionário para também se tornar um dos donos do grupo.

DOS DISTRIBUIDORES FÍSICOS PARA O AMBIENTE DIGITAL

Essa confusão fez minha ideia esfriar, mas a iniciativa do Romulo fez com que não desistíssemos completamente da ideia de ter o novo sistema. Retroceder jamais, mas se for necessário sempre. Retrocedemos naquele momento, mas como ainda apostávamos naquela ideia, fizemos de outra maneira: busquei uma empresa aqui no Brasil que tivesse a mesma origem daquela tecnologia que eu estava procurando criar.

Havia uma no Sul do país, com 12 anos de existência, com um sistema que agregava à minha ideia original. Era uma empresa cujo dono fazia plataformas para negócios de multinível. Então, baseando-me em meu sistema original, pensei como seria se um influenciador trouxesse outro, que trouxesse outro e assim sucessivamente. Criar um ambiente multinível de influenciadores.

Conversei com o proprietário da empresa e ele topou fazer; no fim, o sistema estava muito melhor que o anterior. Quando vi que o resultado era realmente o que eu desejava e tinha um potencial de crescimento enorme, convenci Djillali a comprarmos o escritório de tecnologia que tinha desenvolvido essa nova plataforma. Negociamos com o dono e passamos a ser proprietários de 75% da empresa. Dali em diante, começamos a trabalhar no B2C.

O MARKETING MULTINÍVEL

Além da adoção do pagamento de comissões para as influenciadoras com o novo sistema, entramos de cabeça no marketing multinível. Essa é uma modalidade de marketing em que o lucro pode vir não somente da comercialização dos produtos mas também do recrutamento de novos vendedores, que acabam formando uma rede.

No sistema que idealizamos, um influenciador só pode entrar depois de ser convidado por outro influenciador, que treinará seu convidado. Assim, esse primeiro influenciador ganha uma comissão sobre as vendas de seu convidado e assim sucessivamente.

Os convites só podem continuar depois que o influenciador já tem a última pessoa convidada já treinada e vendendo, ativa no sistema. Isso ajuda a manter todos os influenciadores trabalhando ativamente, o tempo todo. O influenciador que convida precisa chamar e fazer o outro aceitar, então treiná-lo, fazê-lo trabalhar, e só então chamar o próximo. É um escalonamento com motivação.

Todas as compras feitas com base no trabalho do influenciador são passíveis de serem rastreadas, para que a devida remuneração da comissão seja efetuada. Assim que as vendas são efetivadas, o influenciador já recebe avisos de que aqueles artigos foram vendidos. Isso o motiva a continuar falando do produto, pois ele visualiza facilmente quanto vendeu.

Há um espaço chamado escritório virtual, em que ele pode ver seu time todo – quantos influenciadores e influenciadoras ele já trouxe, quanto eles já venderam, as próprias vendas, a gama de produtos que pode divulgar, os itens que deseja adquirir a preço de custo e com entrega domiciliar... É todo um ambiente para o influenciador. Os canais de venda são as redes sociais, nas quais cada um atua com a própria personalidade e tem links rastreados para fazer vendas seguras.

O MUNDO NOVO DO B2C

Quando começamos a vender diretamente para o consumidor final, foi uma sensação muito boa de liberdade, porque cortamos todos os intermediários. Da maneira que trabalhamos hoje, conseguimos chegar até o cliente final sem distorções em nossa comunicação.

O B2C, por meio dessa plataforma que criamos para estar em contato direto com o cliente final, não é somente uma ferramenta de vendas ou de gestão, é também um instrumento de publicidade. Temos um sistema com milhares de influenciadores e nos

ASSIM, EM 2018, RESOLVEMOS EXPLORAR O MARKETING DE REDE, UMA FORMA DE VENDAS ON-LINE QUE REMOVE A NECESSIDADE DE INTERMEDIÁRIOS E SE APOIA BASICAMENTE NO PODER DE VENDA DOS INFLUENCIADORES E EM SUA CAPACIDADE DE CHAMAR MAIS PESSOAS PARA O NEGÓCIO.

@JOHNATHANYBERA

comunicamos com todos eles em tempo real. Quando queremos mandar uma mensagem para todos ao mesmo tempo, podemos fazer isso sem necessitar das redes sociais.

É como se tivéssemos um canal de televisão, em que colocamos esses influenciadores para se comunicar e transmitimos o conteúdo que desejamos, que pode ser adaptado ao público deles, o que resolve eventuais mudanças no estilo de comunicar, ou seja, o conteúdo é nosso, mas adaptado ao público que aquele influenciador específico deseja atingir ao comunicar do jeito dele. É um número imenso de pessoas conectadas simultaneamente, o que nos possibilita fazer inúmeras promoções.

Em meados de agosto de 2023, conseguimos atingir o pico de 270 mil pessoas conectadas em nossa loja virtual ao mesmo tempo em uma de nossas campanhas. Chegamos a ter 14 mil pessoas fazendo o *check-out* simultaneamente. É um movimento que atinge muita gente ao mesmo tempo. Conseguimos até lançar *trends* com todo esse tráfego. O sistema hoje é poderoso e eficaz.

Hoje, nossos milhares de influenciadores trabalham nesse ambiente, todos ganhando dinheiro, e faturamos mais de 15 milhões de reais com um produto, em um dia. Os influenciadores também ficam felizes com o resultado por conta da transparência do sistema, por ter acesso aos dados das vendas em tempo real.

Com isso, podemos dizer que praticamente reinventamos o marketing digital. Todo mundo que se utiliza dessa modalidade de marketing hoje trabalha vorazmente com tráfego pago. Há quatro anos não trabalhamos com essa modalidade de tráfego.

Nosso marketing digital é feito com amplitude, capilaridade, usando o tráfego orgânico dos milhares de influenciadores digitais do Brasil. Não patrocinamos nada no Google nem no Instagram. Consideramos nossa plataforma on-line um *case* de sucesso, porque atualmente muita gente que se gaba de suas vendas de centenas de milhares de reais, na verdade, pagou para as redes sociais para obter esses resultados, enquanto nós realizamos o mesmo número de vendas sem investir em anúncios. Esse formato de onda digital, entregando para muitas pessoas por meio de diversos influenciadores, acontece de forma orgânica.

TRANSPARÊNCIA, PARCERIAS E TREINAMENTO

Além de termos os influenciadores no quesito vendas, fizemos parcerias com os maiores deles e lançamos produtos assinados. Um desses casos é o bronzeador que fizemos em parceria com a dançarina e empresária Scheila Carvalho. Ela conseguiu motivar as influenciadoras e ganhar uma porcentagem sobre as vendas do bronzeador que leva sua assinatura.

Essa parceria só é possível graças ao potencial auditável do sistema. Ele resolve a questão do licenciamento de marca, visto que os números, na maioria dos casos das empresas que desenvolvem atividades parecidas, não são verificáveis. Em nosso formato, que é um canal único de venda, tudo isso pode ser mapeado. A celebridade que tem seus produtos licenciados consegue checar as vendas em tempo real, minuto a minuto, por meio de um aplicativo no celular.

Além disso, implementamos uma academia de treinamento para educar os influenciadores sobre os produtos e incentivá-los a recrutar e treinar outros, criando um marketing de rede eficaz e confiável. Hoje, temos mais de sete mil influenciadores em nosso sistema, uma grande conquista para nós.

Nossa B2C Academy é um centro de treinamento em que os influenciadores conhecem, em aulas com Romulo, as características de nossa empresa e de nossos produtose entendem o funcionamento da plataforma. Mesmo quem não é influenciador e nunca trabalhou com isso tem treinamento especializado para garantir uma boa performance on-line.

Esse novo modelo de vendas, com uma plataforma para os influenciadores e nossa academia de treinamento, revolucionou a maneira como fazíamos negócios. Em vez de sermos apenas uma empresa de cosméticos, passamos a ser também uma empresa de tecnologia, vendendo produtos exclusivamente no ambiente virtual e com todo o treinamento para os influenciadores, para que trabalhem com mais eficácia.

E não paramos por aí. Estamos expandindo nosso modelo de negócio para os Estados Unidos, com a esperança de replicar nosso sucesso e aumentar ainda mais o valor de nossa empresa. A era digital abriu novas possibilidades e oportunidades, e estamos empolgados em explorar essas fronteiras e continuar inovando. Este é só mais um capítulo que se abre em nossa história.

NOSSO MARKETING DIGITAL É FEITO COM AMPLITUDE, CAPILARIDADE, USANDO O TRÁFEGO ORGÂNICO DOS MILHARES DE INFLUENCIADORES DIGITAIS DO BRASIL.

@JOHNATHANYBERA

CAPÍTULO 9

CONSTRUIR PARA USUFRUIR

Com portfólio diversificado e a confiança de clientes ao redor do mundo, estamos prontos para enfrentar os próximos desafios. A inovação continuará o motor que impulsiona nossa empresa, e acreditamos que sempre haverá espaço para criar, surpreender e encantar nossos clientes com produtos únicos e revolucionários.

O próximo capítulo de nossa história promete ser ainda mais empolgante, com novas descobertas, parcerias estratégicas e conquistas surpreendentes. Estamos determinados a consolidar nossa posição como uma marca de referência no mercado global, levando inovação e qualidade aos consumidores de todo o planeta.

Espero que minha trajetória e dicas ajudem você, leitor, a realizar o mesmo em sua jornada. Para começar a aplicar tudo o que mostrei nessas páginas e ter uma vida plena, antes de qualquer outra coisa, ao iniciar um novo negócio, é fundamental que você identifique o propósito de seu trabalho e por quanto tempo pretende se dedicar a ele ao longo da vida. Se você tem claro o motivo de estar desempenhando seu ofício e por quanto tempo quer realizá-lo, consegue se planejar.

Não adianta fazer um plano para começar a ganhar dinheiro daqui a sessenta anos. Às vezes, nem vivo você estará para poder aproveitar o fruto gerado por seu trabalho. Seu plano precisa traçar ações de curto e médio prazos, mas com um ideal à frente.

TRABALHE HOJE PARA TER UMA APOSENTADORIA INTELIGENTE AMANHÃ

Apesar das ações de curto e médio prazos, a visão de seu futuro precisa estar sólida na cabeça. No meu caso, desde os 18 anos, eu queria me aposentar na casa dos 40. Ainda tenho chance de realizar o que planejei desde cedo. Trabalhei ao longo dos anos com esse objetivo.

Minha aposentadoria não significa que planejo fechar a empresa ou vendê-la, longe disso. Aposentadoria, para mim, significa me organizar de tal maneira que meu negócio funcione como um banco de investimentos, como algo independente de minha atuação. Que exija que eu apenas verifique os números, que as equipes estejam bem treinadas e realizando suas funções, sem que isso represente um peso, um sobrecarregamento para algum de meus funcionários.

É alinhar uma máquina e botá-la para funcionar. Para mim, esse é o descanso ideal: que exija que eu acompanhe a empresa, sem ter de agir diretamente. Mas para ter esse descanso, é preciso se planejar antes.

Há até um movimento nos Estados Unidos que prega a aposentadoria mais cedo para viver de investimentos. É o FIRE Movement – FIRE é uma sigla que significa *Financial Independence, Retire Early.*

Um dos defensores desse movimento é Grant Sabatier.[9] Como ele afirma, é preciso que a gente entenda como o dinheiro pode nos ajudar a alcançar nossas metas. Sabatier também diz, com razão, que sempre podemos ter mais dinheiro, porém o tempo a gente não pode ter de volta. Por isso, precisamos ter equilíbrio entre construir capital e aproveitar bem o tempo.

UM FUTURO COM EQUILÍBRIO DEPENDE DO AGORA

Também não adianta tocar um negócio, ganhar dinheiro e não pensar no lado espiritual, por exemplo. Se você se dedicar somente a ganhar dinheiro, talvez quando chegar à aposentadoria, você não terá desenvolvido sua espiritualidade para se beneficiar de algum conforto para além do material.

Planejar-se envolve cuidar de um pouco de tudo no dia a dia, conseguir equilibrar as tarefas no cotidiano, a fim de preservar todos esses elementos para, quando chegar o dia de seu descanso, você desfrutar de todos eles.

---

[9] Sabia mais sobre ele, suas dicas e o movimento FIRE aqui: https://www.bbc.com/portuguese/geral-57305091. Acesso em: 30 ago. 2023.

CONSTRUIR PARA USUFRUIR

Sua rotina envolve equilibrar um pouco de tudo: dar atenção à sua esposa ou esposo, ter tempo para seus filhos, cuidar da espiritualidade, pensando em quanto tempo mais você terá para que tudo isso esteja construído, de modo que você possa usufruir disso tudo. Não é deixar para construir no final, e sim construir ao longo da vida para usufruir no final.

Sauana e eu desenvolvemos tudo em conjunto, estamos juntos praticamente o dia inteiro. Acordamos juntos e realizamos todo o processo criativo da empresa de forma conjunta. Nossa sala também é compartilhada, então precisamos pensar em como não deixar os problemas da Ybera afetarem nosso casamento.

Por isso, estipulamos uma regra em nossa relação: a partir das 18 horas, nada que seja relacionado a trabalho entra em nossa casa. Ali dentro, só podemos falar das rotinas de nossos filhos ou de atribuições domésticas.

Há muitos empresários que são viciados em trabalho e se esquecem dos limites, se perdem entre reuniões, ficam o dia todo só pensando em acumular capital, em fazer a empresa crescer, porém, quando se dão conta, se afastaram tanto do filho, por exemplo, que ele já se perdeu nas drogas, a filha já partiu de casa, e o mundo que ele havia idealizado já não existe mais nem tem a possibilidade de existir.

É muito fácil ficar esgotado pelo excesso de trabalho. Segundo uma pesquisa realizada pela Pulses,[10] uma empresa de soluções que mede a performance dos colaboradores, 81% dos trabalhadores se sentem esgotados no trabalho, 60% disseram que não tinham disposição para trabalhar e 67% afirmaram que sentiam que precisavam provar seu valor em seus empregos.

---

[10] Veja outros dados da pesquisa aqui: https://g1.globo.com/trabalho-e-carreira/noticia/2022/07/27/voce-se-sente-esgotado-mais-de-80percent-dos-trabalhadores-estao-assim-mostra-pesquisa.ghtml. Acesso em: 30 ago. 2023.

Por isso, o planejamento da aposentadoria envolve ter um pouco de contentamento no trabalho e no dia a dia como um todo, porque, se você não tiver prazer na vida cotidiana, também não encontrará nada de positivo para celebrar durante o período de construção da visão de futuro.

No ambiente profissional, você precisa ter pequenas vitórias, contentamentos e gratidão de que tudo está indo bem; dessa forma, você vai alimentando esse processo de esforço, alegria e gratidão para, quando tiver mais tempo, usufruir de tudo o que construiu.

Muitas vezes, as pessoas que focam apenas determinado aspecto de suas vidas acabam descobrindo os efeitos dessas escolhas por vias tortas: veem-se dependentes de antidepressivos; não estabelecem relações afetivas saudáveis com os parceiros nem com os filhos; e não desenvolvem a espiritualidade para ter conforto em horas de dificuldade.

Quando penso em quem se dedica ao extremo ao trabalho e não dispensa tempo para cuidar de outros aspectos da vida, me lembro do discurso de Salomão, presente na Bíblia. Em Eclesiastes 4:4-6, há uma passagem que afirma: "Melhor é um punhado de descanso do que ambas as mãos cheias de trabalho e correr atrás do vento".

Com isso, o sábio rei Salomão queria dizer que o trabalho árduo sem medida não é necessariamente fruto de satisfação. Precisamos equilibrar as atividades terrenas com o trabalho pela espiritualidade, com o cuidado no casamento e a atenção aos filhos.

Retroceder nunca, se necessário sempre, em todos os aspectos da vida. É preciso ir levando e trabalhando para o crescimento da empresa, sem perder de vista outros lados essenciais para o sucesso de todo empreendedor, que são a saúde mental, a familiar, a social e a espiritual.

Se for preciso dar um tempo em alguma coisa que está indo bem para tratar de outra que carece de atenção, faça isso. As oportunidades não se apresentam somente nos negócios, mas também no aspecto pessoal. É preciso agarrá-las e extrair o melhor delas.

Por isso, sua aposentadoria precisa contemplar todos os aspectos de sua vida hoje, com um olho no futuro. É construir com equilíbrio agora para usufruir com equilíbrio amanhã.

AS OPORTUNIDADES NÃO SE APRESENTAM SOMENTE NOS NEGÓCIOS, MAS TAMBÉM NO ASPECTO PESSOAL. É PRECISO AGARRÁ-LAS E EXTRAIR O MELHOR DELAS.

@JOHNATHANYBERA

CONCLUSÃO
ÁGUA QUE BRILHA

Falei de tantas coisas aqui neste livro, e talvez o mais importante tenha ficado sem explicação: a origem do nosso nome. O nome Ybera surgiu logo no nascimento da empresa. Já tínhamos o produto, mas ainda não tínhamos o nome que botaríamos na embalagem.

Começamos a pensar em possibilidades. Pensamos em "Seibela" e "Ibela" e concordamos que eram muito feios. Sugeri "Ibéra", mas Sauana novamente discordou, dizendo que parecia o som de um boi berrando. Rimos muito disso. Então, ela sugeriu que fosse "Íbera". Concordamos que era um bom nome e que a sonoridade também era interessante, soava bem. Para finalizar, ela sugeriu que escrevêssemos com Y, o que daria um ar mais internacional à proposta. Achei que seria bacana, e a letra seria o símbolo da marca. Fechamos com Ybera Professional, mas, quando Djillali entrouna sociedade, mudamos para Ybera Paris.

O que era um sonho, que começou na cozinha de nossa casa, se transformou em uma marca de cosméticos que revolucionou o mercado. Hoje, temos escritórios em várias partes do mundo, até na capital francesa, o que dá todo sentido ao nosso nome.

No entanto, o mais interessante aconteceu quando fomos introduzir a empresa no Paraguai. Todas as pessoas para as quais eu entregava o folheto da marca se admiravam e diziam que o nome era lindo, pois significava "água que brilha" ou "água brilhante". Depois descobrimos que, em tupi-guarani, "y" é "água", e "beraba" é o verbo "brilhar". Além disso, os indígenas, para se verem, olhavam na superfície da água, o que para nós é uma manifestação da beleza.

Ybera, de fato, tem muito do casamento com a beleza. Com essa descoberta, entendemos que muitas vezes não inventamos nada, mas descobrimos coisas que estão lá e só é preciso aguçar a visão para percebê-las. Eu tinha certeza de que tínhamos inventado o nome da empresa, mas de alguma forma ele já existia e nós só o trouxemos para nossa marca de beleza.

Outra coisa que descobri, em minha jornada de inovação, é que aquilo que você acha que é muito inovador e sofisticado, alguém, um dia, já pensou e alguns até já fizeram. A inovação não depende apenas do pensamento, e sim de colocá-la em prática em sua vida, no dia a dia.

SÓ O CONHECIMENTO NÃO BASTA, É PRECISO AGIR

Espero que este livro e todas as vivências aqui contidas tenham trazido muita inspiração e ideias a você. No entanto, queria dizer que só a leitura não basta. É preciso que você coloque esses ensinamentos em ação e os adapte à sua realidade, caso queira ser bem-sucedido em sua vida e em seus negócios.

Olhe ao seu redor e pense: hoje, quais oportunidades estão em minhas mãos e só eu estou enxergando? Quero que você agarre as oportunidades e, por mais trabalho que elas deem, explore-as, pois o resultado certamente virá. Não adianta olhar as oportunidades e deixá-las de lado, ou esperar que alguém as aproveite por você. É algo que depende única e exclusivamente de seu esforço e de sua determinação.

A criatividade, a inovação, a capacidade de administrar um negócio são ferramentas que, bem ou mal, todos temos à disposição, mas o olhar atento às oportunidades depende de sua mente, e de que ela esteja aberta.

Hoje, na Ybera, nosso problema é controlar um pouco essa mania de ter ideias e estar de olho em tudo o que pode se transformar em um bom negócio. Normalmente, agarramos mais oportunidades do que temos capacidade de executar, de dar conta. Por isso, chegamos a dizer a nós mesmos: "Controle essas ideias!".

PERSISTA NO PROJETO EM QUE VOCÊ ACREDITA

Todas as histórias que acompanhamos de perto de empresas malsucedidas aconteceram porque as pessoas desistiram de seus projetos. Já as que deram certo são de gente que persistiu. Pode parecer óbvio, mas o que determinou que os bem-sucedidos chegassem ao sucesso foi justamente o realinhamento de rota, o foco no objetivo e, quando necessário, a escolha de outro caminho para chegar ao objetivo.

Na Ybera, nós já desistimos de muitas ideias que jamais se concretizaram. No meio do processo, tentamos materializar algum produto que vimos de antemão que não traria o resultado desejado e, então, desistimos da ideia antes de perder mais dinheiro. É preciso ter humildade para saber voltar atrás nas horas em que isso é necessário, para o bem da sobrevivência da empresa.

É preciso também pensar grande e lembrar sempre que as empresas que hoje dominam o mercado partiram de algum lugar. Embora tivéssemos dúvidas de por onde começar a fazer as coisas, desde o início nós já tínhamos as atitudes de peixe grande, na forma como abordávamos nossos clientes, no modo de vestir, com os uniformes feitos para a empresa, e na embalagem sofisticada de nossos produtos. Já estava em nosso DNA essa vontade de ser um grupo multinacional cuja marca soasse bem em vários idiomas. Nossas referências eram os gigantes do mercado, por isso os imitamos até nos tornarmos um deles.

Procure estar ao lado de pessoas que apoiem você, mas que também o questionem, porque perder a humildade é um perigo enorme. Construa sua espiritualidade para que ela possa servir de abrigo quando você estiver com medo ou em dúvida sobre como prosseguir.

Valorize sua família, ela é sua base. Eu tive muita sorte de ter encontrado Sauana e ter permanecido com ela até hoje. É um investimento diário construir uma relação por tanto tempo, no amor e nos negócios.

Espero que tudo o que foi dito neste livro ajude você, leitor, a trilhar o próprio caminho, retrocedendo sempre que necessário e ficando de olho em todas as oportunidades que estão à sua volta. Estar atento é algo que depende principalmente de nós mesmos.

Confie em você!